教师教育系列教材

实习支教手册
(第2版)

宋艺华　主编

清华大学出版社
北京

内容简介

《实习支教手册》是以OBE(Outcome based education)教育理念为指导,依据教育部实习支教政策及《师范类专业认证工作指南(试行)》的要求编写的高等院校教师教育专业本科师范生教育实习教材。本书分六章:第一章回顾了实习支教的发展历程,总结了实习支教的意义,介绍了实习支教的目标和要求、内容和任务、组织和管理;第二章从师德修养、专业素养、心理素质和物质条件四方面提出了实习支教大学生应做好的前期准备;第三章阐述了实习支教中将会面临的教学工作、班主任工作、教育调查以及人际交往等方面的具体内容和要求;第四章介绍了实习支教过程中的相关记录表格和具体工作表;第五章列出了实习支教总结与评价的要求及鉴定表;第六章提出了实习支教安全方面的注意事项。部分章后提供了阅读资料和学习建议。

本书可作为实习支教岗前培训的教材、实习支教过程的指导书、实习支教工作的记录册、实习支教成绩的评定表以及实习支教安全教育的指南等,也可以作为高校带队教师、中小学指导教师了解实习支教、管理实习支教工作的指导用书。

本书封面贴有清华大学出版社防伪标签,无标签者不得销售。
版权所有,侵权必究。举报:010-62782989,beiqinquan@tup.tsinghua.edu.cn。

图书在版编目(CIP)数据

实习支教手册/宋艺华主编. —2版. —北京:清华大学出版社,2023.5 (2024.12重印)
教师教育系列教材
ISBN 978-7-302-63414-0

Ⅰ.①实… Ⅱ.①宋… Ⅲ.①教育实习—师范大学—教材 Ⅳ.①G424.4

中国国家版本馆CIP数据核字(2023)第066246号

责任编辑:陈冬梅
封面设计:刘孝琼
责任校对:徐彩虹
责任印制:丛怀宇

出版发行:清华大学出版社
网　　址:https://www.tup.com.cn, https://www.wqxuetang.com
地　　址:北京清华大学学研大厦A座　　邮　编:100084
社 总 机:010-83470000　　邮　购:010-62786544
投稿与读者服务:010-62776969, c-service@tup.tsinghua.edu.cn
质量反馈:010-62772015, zhiliang@tup.tsinghua.edu.cn
课件下载:https://www.tup.com.cn, 010-62791865

印 装 者:三河市君旺印务有限公司
经　　销:全国新华书店
开　　本:185mm×260mm　　印　张:10　　字　数:245千字
版　　次:2019年1月第1版　2023年5月第2版　印　次:2024年12月第5次印刷
定　　价:30.00元

产品编号:093584-01

前　言

习近平总书记在中国共产党第二十次全国代表大会上的报告中明确指出，要办好人民满意的教育，全面贯彻党的教育方针，落实立德树人根本任务，培养德智体美劳全面发展的社会主义建设者和接班人，加快建设高质量教育体系，发展素质教育，促进教育公平。本书在编写过程中力求深刻领会党对高校教育工作的指导意见，认真执行党对高校人才培养的具体要求。

教育实习是师范生人才培养计划中不可或缺的重要环节，是培养新时代合格教师的有效途径，也是衡量和检验高等师范院校办学思想和人才培养质量的主要手段。教育部2007年开始全面启动实习支教，选派优秀师范生到缺乏师资的农村中小学进行不少于一学期的"全职"教师岗位锻炼。通过多年的实践，实习支教取得了可喜的成绩和经验：一是大大缓解了农村基层中小学校教师结构性短缺的突出问题；二是极大地促进了高等学校教育教学改革，开创了师范生人才培养新模式，使师范教育更加贴近农村基层中小学课堂教学实际；三是提高了大学生的教育教学实践能力，培养了他们不畏艰险、主动作为、敢于担当的宝贵品质和维护民族团结、维护社会稳定的思想情感。

实习支教作为师范生人才培养过程中最重要的实践教学环节，有着其特殊性：实习支教地点偏远、分散，时间长。实习支教的质量在一定程度上取决于支教前的教育与准备、实习支教过程的指导与管理，以及实习支教结束后的总结与评价。

本书以OBE(Outcome based education)教育理念为指导，以《师范类专业认证工作指南(试行)》为引领，落实"学生中心、产出导向、持续改进"的教学理念，以帮助实习支教大学生、实习学校及相关人员明确实习支教的意义、内容与要求，强化实习支教过程管理，规范实习支教评价，提高实习支教效果。本书依据教育部实习支教的要求，结合教育实习的内容，针对大学生实习支教的实际情况，借鉴实习支教研究成果，试图将实习支教培训、指导、记录、评价等内容融为一体。本书分为六章：第一章回顾了实习支教的发展历程，总结了实习支教的意义，介绍了实习支教的目标和要求、内容和任务、组织和管理，帮助实习支教大学生认识实习支教；第二章从师德修养、专业素养、心理素质和物质条件四方面提出了实习支教大学生应做好的前期准备，提醒实习支教大学生做好实习支教准备；第三章阐述了实习支教中将会面临的教学工作、班主任工作、教育调查以及人际交往等方面的具体内容与要求，指导实习支教大学生做好实习支教各项工作；第四章主要介绍了实习支教过程中的相关记录表格及具体工作表，如实习指导教师基本信息、实习支教计划、实习周志、教学工作计划、听课记录、典型教学设计、班主任工作计划、主题班(队)会记录、教育调查报告等，规范实习支教过程，落实实习支教任务；第五章列出了实习支教总结与评价的要求及鉴定表，如实习支教报告、综合表现评价表、鉴定表，指导实习支教大学生做好实习支教的总结及反思；第六章提出了实习支教安全方面的注意事项，确保实习支教大学生各方面的安全。部分章的章后提供了阅读资料和学习建议。

  本书在修订的过程中，得到了曹卫军、高广仿、沙吾列·依玛哈孜、王娟、张军等老师的修改建议，获得了清华大学出版社的大力支持和尹飒爽编辑的鼎力相助，在此一并表示感谢！

  本书参考了同类著作和期刊等成果，限于篇幅，恕不一一列出，特此说明并致谢。尽管我们经过反复的实践，已经积累了较为丰富的实习支教工作经验，但书中难免存在不妥之处，敬请广大读者批评指正，我们会虚心接受，不断完善，以便更好地为实习支教师生服务。

编　者

目 录

第一章 认识实习支教 ... 1
一、实习支教概述 ... 1
二、实习支教的意义 ... 3
三、实习支教的目标和要求 ... 4
四、实习支教的内容和任务 ... 6
五、实习支教的组织和管理 ... 8
六、实习支教的管理职责 ... 9
七、实习支教学生守则 ... 12

第二章 准备实习支教 ... 14
一、师德修养准备 ... 14
二、专业素养准备 ... 15
三、心理素质准备 ... 18
四、物质条件准备 ... 19

第三章 指导实习支教 ... 21
一、教学工作 ... 21
二、班主任工作 ... 30
三、教育调查 ... 34
四、人际交往 ... 35

第四章 记录实习支教 ... 44
一、实习指导教师基本信息 ... 44
二、实习支教计划 ... 44
三、实习周志 ... 44

四、教学工作计划 ... 56
五、听课记录 ... 61
六、典型教学设计 ... 92
七、班主任工作计划 ... 119
八、主题班(队)会设计 ... 122
九、教育调查报告 ... 134

第五章 评价实习支教 ... 139
一、实习支教的总结 ... 139
二、实习支教的成绩评定 ... 145
三、实习支教鉴定 ... 145
四、实习支教的收尾工作 ... 148

第六章 安全实习支教 ... 149
一、用水安全 ... 149
二、用电安全 ... 149
三、用火安全 ... 150
四、取暖安全 ... 151
五、食品安全 ... 151
六、交通安全 ... 152
七、地震安全 ... 152
八、人际安全 ... 153
九、女实习生应特别注意的事项 ... 153

参考文献 ... 154

第一章 认识实习支教

教育实习是高等师范院校教学计划的重要组成部分,是培养合格教师的有效途径,也是全面衡量和检验高等师范院校(以下简称"高师院校")办学思想和人才培养质量的主要手段。同时,教育实习还是把师范生所学知识转化为教育教学实践能力的必由之路,是贯彻理论联系实际、培养锻炼师范生独立工作能力的重要方式,更是师范生树立教师职业理想和坚定从业信心的有效途径。

一、实习支教概述

(一)实习支教的概念

实习支教又称"顶岗实习""顶岗实习支教"等,它是我国教师教育改革大力推进的产物,也与全面实施素质教育、加强社会主义新农村建设的社会大背景紧密相连。实习支教是指高等师范院校的高年级大学生,在达到基本要求并经过岗前培训后,到师资缺乏的农村中小学、幼儿园进行不少于一学期的教师岗位实践活动。

在此期间,师范生要按中小学、幼儿园在岗教师的要求履行教学工作和班主任工作等职责,除承担实习学校一名教师部分工作量外,还要开展社会调查与教育调研等社会实践活动,既是实习,又是支教,故名实习支教,此师范生也被称为实习生,或者支教生。师范生具有实习生和支教生双重身份,作为实习生要完成学习和积累教育教学经验、提高自身教育教学实践能力的任务;作为支教生,必须在实习学校完全按教师身份完成日常的教育教学的任务。

(二)实习支教的特点

与原来的教育实习相比,实习支教具有以下特点。

(1) 任务的多重性。实习支教既要完成高校布置的教育教学实习任务,同时又要完成实习学校安排的教育教学工作任务。

(2) 要求的专业性。实习支教要求大学生在实习之前必须具备教师的基本知识与技能,基本上要能担负起正常的教学及教学管理任务。

(3) 时间的连续性。为了适应学校教育教学工作的连续性、系统性,实习支教时间一般为半年或一年。

(4) 角色的双重性。实习支教大学生在实习学校领导和老师面前是实习生,但在学生面前是支教老师。

(5) 工作的独立性。实习支教大学生在教学过程中进行的是一场"实战",需独当一面,独立完成学校布置的各项教育教学工作。

(6) 服务的义务性。实习支教是一种奉献，除教育厅提供交通费并发放一些生活补助费、实习学校提供必要的生活条件外，一般没有工资薪酬。

(7) 考核的一致性。学校对实习生的考核与在职教师的要求基本一样，考核结果作为其实习成绩鉴定的主要依据。

(三)实习支教的历史沿革

为贯彻落实《教育部关于大力推进城镇教师支援农村教育工作的意见》精神，缓解农村基础教育教师短缺的突出矛盾，促进基础教育稳步快速发展，同时提高高等师范学校学生教学实践能力，适应基础教育改革与发展的需要，教育部开始组织实施"高等师范院校高年级学生到基层实习支教计划"，简称"实习支教计划"。实习支教是我国高校大学生教育实习模式的探索和创新。高校大学生实习支教的发展大致可以分为以下三个阶段。

1. 积极探索阶段

1988年8月，云南师范大学开始试行"顶岗实习支教"，对以往传统的师范生教育实习模式进行创新。这种实习模式旨在"融师范生教育教学实习改革与农村师资队伍更新"于一体，要求师范生以全职教师的身份到贫困地区农村基础教育薄弱的学校进行为期半年至一年的教育实习，同时在条件允许的情况下将原先薄弱学校的教师替换出来进入高等师范院校进行一段时间的重新学习和深造，以补充其自身知识的不足。这种全新的教育实习模式让师范生在获得锻炼的同时，也为贫困地区的基础教育提供了帮助，在一定程度上缓解了农村基础教育薄弱等问题。

此后，长春师范大学、信阳师范学院、赣南师范学院、三明学院、忻州师范学院、西南大学、江西师范大学、南京晓庄学院、新疆师范大学和山西师范大学等学校也先后派遣了实习生去农村支教。

2. 全面启动阶段

2007年7月5日，中华人民共和国教育部(以下简称"教育部")颁布了《教育部关于大力推进师范生实习支教工作的意见》，要求高年级师范生到中小学进行不少于一学期的实习，强调各地应积极安排和接收高等师范院校师范生到农村学校进行实习支教。

新疆维吾尔自治区高校高年级学生赴基层实习支教于2007年8月25日正式启动。根据实习支教计划，新疆维吾尔自治区从新疆师范大学、石河子大学、伊犁师范学院(伊犁师范大学)、喀什师范学院(喀什大学)、昌吉学院、新疆教育学院及其他招收师范生的院校，选派中文、数学、物理、化学、英语以及小学教育文科方向和小学教育理科方向本科大四上学期或大三下学期、专科大三上学期或大二下学期的全部学生，每批一学期，轮流循环，两两接替，重点到南疆的喀什、和田、克州和阿克苏四地州的基层学校实习支教。

2008年1月31日，教育部师范教育司印发了《师范教育司2008年工作要点》，其中工作要点的第六条就是"进一步推进师范生实习支教"。自此，实习支教工作开始在全国范围内大面积推行。2008年8月，西北师范大学的170多名师范生对口支援新疆阿克苏地区，受到热烈欢迎，实习支教开始跨省、跨地区开展。

3. 深化改革阶段

近年来，在国家的高度重视和支持下，各级教育行政部门、实习支教派出院校和受援基层学校精心组织，密切配合，已形成良好的大学生实习支教工作机制。广大实习支教师生心系基层、情系教育，克服困难、扎实工作，为农村基层稳定和基础教育发展做出了贡献，也在教育教学实践中得到锻炼成长。

在新疆，实习支教最初是为了解决南疆四地州农村中小学合格教师短缺的困难而提出来的，到了2010年，实习支教的地区逐步覆盖南北疆各地州，学段增加了学前教育，参加实习支教的高校也逐步扩大到疆内外近30所，各师范生专业学生全员参与，非师范生经过岗前培训也可以申请参加。至此，实习支教已成为新疆基础教育和学前教育师资队伍中的一支生力军。

二、实习支教的意义

《教育部关于大力推进师范生实习支教工作的意见》(2007年)中明确指出："开展师范生实习支教工作是推动教师教育改革，强化师范生实践教学，提高教师培养质量的有效措施；是加强教师养成教育，引导师范生深入基层、了解国情、增强社会责任感和使命感的必要途径；是密切高师院校与中小学的联系，促进理论与实践紧密结合，更好地服务基础教育的重要纽带。开展师范生实习支教工作，也有利于帮助农村中小学提高师资水平，促进素质教育的全面实施。"

通过多年的实践证明，实习支教有利于加强师范生教育实践环节，促进教师培养模式的改革，从根本上逐步提高教师教育的质量；有利于直接缓解农村师资结构性短缺的矛盾，改善农村师资队伍结构，提高农村教育的质量；有利于加强高校，尤其是师范院校和中小学的广泛联系，并更好地研究基础教育、服务基础教育；有利于加强师范生的社会实践锻炼，使之了解农村、了解社会、了解国情和学情；有利于在农村传播科学与文化知识，改变农村少年儿童的观念，促进整个农村的社会文明进步。

实践表明，通过实习支教，师范生的能力得到充分锻炼与提升，熟悉了教学工作的性质、职责、程序、组织与管理等，树立了职业意识和创新意识，增强了工作适应能力。实习支教巩固了师范生教育情怀，深化了理论知识，培养了解决实际问题的综合能力，增强了学生"一践行、三学会"的能力。

特别是党中央、国务院号召全面打赢脱贫攻坚战以及实施乡村振兴战略以来，师范生实习支教成为教育扶贫和乡村振兴的重要力量，为艰苦贫困地区有效地缓解了教师不足，提高了中西部乡村学校的教学质量。实习支教也必将充分发挥智力优势和人才优势在推动依法治疆、团结稳疆、文化润疆、富民兴疆、长期建疆，努力建设团结和谐、繁荣富裕、文明进步、安居乐业、生态良好的新时代中国特色社会主义新疆中做出应有的贡献。

三、实习支教的目标和要求

实践教学是帮助师范生深化专业知识理解、形成专业实践能力、养成专业态度和情感的关键环节，教育实习(实习支教)是实践教学的主渠道。各专业要明确实习支教的目标任务，按照全程化、全方位实践的原则，建立制度化、规范化的实践教学体系，帮助师范生实现理论与实践的深度融合，要围绕培养目标和毕业要求进行系统设计，包括教育见习、教育实习、教育研习等相互贯通、有机联系的环节，融合师德体验、教学实践、班级管理实践和教研实践等内容，并与其他教学环节有机衔接的实践教学体系；通过集中有效地指导实践教学，促进师范生深入体验教育教学工作，形成良好的师德素养和职业认同，加深理解教育教学专业知识，掌握必要的教学活动设计与实施、班级管理与学生指导等技能，为从事中学教育教学工作和持续的专业发展奠定扎实的基础。

(一)实习支教的目标

目标1：扎根边疆，践行师德。认同中国特色社会主义，践行社会主义核心价值观，贯彻党的教育方针，具有依法执教意识，遵守中小学教师职业道德规范；增强中华文化和教师职业的认同感，筑实人文底蕴与科学精神，具有扎根边疆、服务边疆的奉献精神，热爱学生并能成为学生的引路人；巩固专业思想，坚定教师职业信念，体验教师职业的崇高，树立献身基础教育的决心，增强社会责任感和事业心。

目标2：能力为重，学会教学。巩固学科的基本知识、基本理论和基本技能，理解所学专业的基本思想和研究方法，提高学科核心素养；了解学科的发展与前沿，综合运用学科的基础知识和实践技能解决中小学教育教学中遇到的问题；理解学科课程标准的内涵，运用学科教育、教育学、心理学的基础知识和相应实践方法，提升教学设计能力、课堂教学能力、教学反思能力与教学研究能力；

目标3：学生中心，学会育人。富有教育情怀，坚持以学生为本，尊重教育规律和学生身心发展规律；提升班级组织与建设能力，胜任班主任工作。能在学科教育教学中渗透思想政治教育；具有组织开展德育、拓展知识和发展身心健康的课内外教育实践活动能力。

目标4：创新实践，学会发展。具有终身学习与专业发展意识；具备反思能力，具有创新意识，能运用批判性思维分析和解决教育教学中的实际问题；具有团队协作精神，提升组织能力、表达能力、沟通能力、合作能力与人际交往能力；能利用先进教育理念、经验、方法和手段进行教育教学，提高自身教书育人水平，实现自我发展。

(二)实习支教的要求

表 1-1 课程目标与要求的关系

课程目标	课程要求	课程要求指标点
扎根边疆，践行师德	1.师德规范	1.1 践行社会主义核心价值观，具备中国特色社会主义的思想认同、政治认同、理论认同和情感认同
		1.2 了解教育法、教师法、中小学教师职业道德规范等法规和教育精神，能严格要求自己，具有依法执教的意识
		1.3 爱党爱国，能够深入贯彻党的教育方针，以立德树人为己任，立志成为"四有"好老师与学生的"引路人"
	2.教育情怀	2.1 热爱教育事业，具有坚定的从教信念、职业理想、敬业精神，立志成为优秀的"教育家型"教师
		2.2 具有积极正确的情感态度与价值观，有责任心，关爱学生并尊重其独立人格，积极创造条件，促进学生的自主发展
		2.3 具备人文底蕴与科学素养，能够帮助学生树立正确的三观，完成知识学习、能力发展与品德养成教育，引导学生成长
能力为重，学会教学	3.学科素养	3.1 应用教育学、心理学及教育技术学等教育基本理论，开展教育教学实践活动
		3.2 能够以学生为中心，应用合作学习、探究学习、自主学习等多种教学方式，系统地开展教学
		3.3 明确本学科与其他学科之间的关系，设计与组织跨学科实践活动
		3.4 通过文献查阅与交流学习，不断了解学科前沿领域和教育教学的最新动态与前景发展，并依此不断地改进教学
	4.教学能力	4.1 依据课程标准，针对中小学生身心发展和认知特点，运用学科教学知识和信息技术，进行教学设计、实施和评价，获得教学体验
		4.2 具备学科教学的基本技能，具有初步的教学研究能力
学生中心，学会育人	5.班级指导	5.1 树立德育为先、学生为本的教育理念，了解中学德育原理与方法，掌握班级组织与建设的工作规律和基本方法，掌握班集体建设、班级教育活动组织、学生发展指导、综合素质评价、与家长及社区沟通合作等班级管理常规工作的要点
		5.2 能够在班主任工作实习中参与德育和心理健康教育的组织与指导，具备中小学生心理健康教育的组织与指导能力
	6.综合育人	6.1 具有全程、全方位育人意识，理解学科育人价值
		6.2 了解中小学生身心发展规律和教育活动的育人内涵
		6.3 能够结合学科教学进行育人活动，了解学校文化与育人内涵，能从多方面组织开展主题教育与社团活动

续表

课程目标	课程要求	课程要求指标点
创新实践，学会发展	7.学会反思	7.1 具有主动了解我国基础教育改革发展趋势和前沿动态的意识，能够积极借鉴国内外先进的教育理念、成功经验和典型做法开展学科教育教学的实践探索和研究
		7.2 具备自主规划个人专业发展、自我管理的意识和能力
		7.3 能优化知识结构、开展教学研究、提升素养和能力，养成终身自主学习和终身学习的习惯
	8.沟通合作	8.1 具有团队协作的意识，能够明确学习共同体的重要价值，懂得学习伙伴是重要的学习资源
		8.2 能够系统掌握团队协作与沟通交流的一般知识、方法与技能，并在教学实践中深入参与合作学习活动
		8.3 具备与学校领导、同事、家长、学生交流沟通的知识与技能，解决教育实践中遇到的问题

四、实习支教的内容和任务

(一)实习支教的内容

在新疆维吾尔自治区实习支教的内容是根据师范生教育实习的目标和自治区实习支教的要求来确定的。一般来说，实习支教的内容主要包括教学工作、班主任工作、教育调查研究及其他工作等方面的内容。

1. 教学工作

教学是学校教育的主要途径和中心工作，也是实习支教的首要任务。实习生只有通过足够长的时间亲历课堂教学实践，才能提高课堂教学能力。因此，每位实习生必须要完成规定的课堂教学工作量，经历学科教学的全过程，包括备课、观课、试教、上课、评议课、课后辅导、批改与讲解作业和单元检测等环节。

2. 班主任工作

班主任是全面负责一个班学生的思想、学习、健康和生活等工作的教师，是一个班的组织者、领导者和教育者，也是一个班全体任课教师教学、教育工作的协调者。班主任的基本任务是：按照德、智、体、美、劳全面发展的要求开展班级工作，全面教育、管理、指导学生，使他们成为有理想、有道德、有文化、有纪律、身心健康的公民。

3. 教育调查研究

教师即研究者。教育调查研究是指在科学方法论和教育理论的指导下，围绕一定的教育问题，通过问卷、访谈、测量等方式，有计划、有目的地收集有关的事实材料，从而作出科学分析并提出具体工作建议的一系列教育实践活动。实习生要在实习指导教师的带领和指导下，积极开展教育调查和教育研究工作，提高在教学实践中发现问题、分析问题和解决问题的能力。

4. 其他工作

实习支教的其他工作主要包括：参加实习学校的日常活动；在保证教学任务的前提下，参与学校的办公室、教务处、德育处等工作；指导学生课外实践活动；了解学校教育教学工作的各个环节。

(二)实习支教的任务

1. 教学工作

实习生要在教师的指导下，完成本专业及相近专业 1~2 门课程的教学任务；听课不少于 30 节，每周上课 4~6 学时，一般每周不超过 15 学时，上课前需认真备课，完成教学设计的撰写；同时，要参与学科教学的课后作业批改、课下学生辅导、考试试卷的命制、课外实践活动的组织、教研活动。

2. 班主任工作

实习生要在原班主任的指导下完成日常的班级管理工作、组织学生开展活动、主持班会，做好学生德育教育工作，对学生进行个别心理辅导和教育，进行家访等，熟悉班主任工作的内容，提高班主任工作技能。

一个实习生负责一个班，在原班主任的指导下，制订班主任工作计划，做好日常的班级管理工作，组织学生开展班团(队)活动，主持班团(队)会，做好学生思想转化工作，对学生进行个别辅导和教育，和家长积极配合做好家访工作。要求每个实习生，必须能够独立主持一次以上主题班团(队)会、组织一次以上班团(队)活动、开展一次以上家庭访问，并对学生进行个别教育。

音、体、美等专业的师范生如果不担任班主任，可以通过带课外兴趣小组、训练队等方式完成此项工作。

3. 教育调查研究

要求实习生结合本学科教学特点，调查、分析实习学校学科教育教学现状，教育调查的内容由自己选定，在充分分析、研究和整理资料的基础上，写出切合实际的调查报告，字数不少于 3000 字。也可以根据个人的兴趣选题开展教育科研，撰写一篇研究论文。

4. 其他工作

要求实习生参与学校的教育教学改革和学校管理等工作。实习生在实习期间应参加实习学校的教育教学改革活动，实习后期应到学校各有关职能部门和学校领导办公室做一些辅助工作，以全面了解实习学校管理工作。同时，鼓励实习生多为实习学校办好事、办实事，如结合专业特点为教师开设各类讲座和信息技术技能培训，为实习学校制作课件、维修设备等，但是切忌本末倒置。

五、实习支教的组织和管理

(一)实习支教的组织

1. 专业及时间

参加实习支教工作的专业一般包括师范类所有专业，非师范类相近专业学生也可以申请参加，但须经过教师专业岗前培训。实习支教一般安排在本科专业第 6 或第 7 学期、专科第 5 学期，保证每学期实习支教人数均衡，实习时间一般为一个学期。

2. 地点

根据新疆维吾尔自治区推进基础教育和学前教育工作的需要，大学生实习支教的重点是农村学前和小学各学科教育，同时兼顾中学教育工作。所选派的专业和支教人数由各有关地(州、市)教育局与对口院校充分协商，根据自治区总体部署及各地教育工作需要，结合基层受援学校的师资需求、食宿及安全条件等综合确定。在落实安排学生支教学校时，要求按每组不少于 5 人的原则，尽量将实习支教大学生安排在乡镇及以上学校。原则上边远村级教学点不安排支教大学生，主要由当地学校自行调剂解决。

3. 要求

教育部要求学校集中组织实习支教，保证大学生实习支教期间的上课时数和上课类型。
1) 对实习生的要求
(1) 实习支教是教师教育专业学生必须完成的学业任务，因此无故不参加者要按照 0 分处理。
(2) 确因身体状况、心理问题等特殊情况不能参加或中途患病不能继续参加实习支教者，应由本人提出申请，填写《自主实习申请表》，并附相关证明材料(患病者应出示个人病例、医院证明等)，由学生班主任及所在院(系)负责人签署意见后，报教务处和主管领导审批，经同意后，由学生所在院(系)安排其就近或回家乡实习，不再享受实习支教学生的相关待遇且实习成绩不能评优。若病情过重不能参加任何形式的实习，需办理相关休学手续。
2) 对实习学校在工作安排中的要求
一方面要避免让实习学生打杂闲置；另一方面严禁在岗教师将自己职责范围内的工作任务推卸给实习学生，造成实习学生周课时量严重超标而在岗教师擅离岗位的现象。

4. 工作待遇

新疆维吾尔自治区实习支教大学生享受下列待遇。

(1) 根据自治区相关文件标准每月领取生活费补贴。
(2) 教育厅为每位学生购买人身意外伤害保险。
(3) 自治区承担大学生实习支教往返交通费。

(二)实习支教的管理

大学生在实习支教期间,由高校和实习学校按照相关规章制度负责管理,学生要自觉接受学院与实习学校的双重管理。

(1) 实习生在实习支教期间要服从实习学校领导和指导教师及高校带队教师的管理,要严格遵守实习支教所在学校的校纪校规,坚持在岗到位,积极参加实习学校组织的活动,不得随意请假。如有特殊情况必须请假时,须经实习学校批准并经带队教师的同意,并报当地教育主管部门批准,方可准假。请病假者要有个人病例、医院证明。

(2) 请假时间超过 4 周者,实习支教成绩以不及格记录。

(3) 实习生在实习支教期间不得旷课,无特殊原因不得请假,凡旷课达到 6 节者,其实习支教成绩定为不及格。

(4) 实习生在实习支教期间,不得私自进入娱乐场所,每天晚上(北京时间)22:00 前必须返回住处。法定工作日和节假日时间均不得私自离开实习学校,如确须离开学校,须向实习学校有关领导办理请假手续,并经实习支教带队教师的同意。

(5) 实习生在实习支教期间,不得离开支教岗位返校参加各类考试或补考。

(6) 实习生因病需要外出就医者,应首先在县城医院就医,病情比较严重者,在征得所在学校领导和实习指导教师同意的情况下,由实习支教带队教师请示所在高校,实习支教工作领导小组办公室同意后方可返校治疗。情况紧急时,指导教师可直接与学院教务处有关人员联系,确定送治方案。

(7) 实习生在实习支教期间,如遇院校和实习支教学校现有规定以外的特殊问题,可先向高校带队教师提出,由实习学校指导教师与实习学校领导或所在地区教育主管部门主管协商,并将协商结果通知学生。

(8) 实习生如违反实习支教纪律,带队教师有权进行批评教育。对拒不听从教育、态度恶劣者,带队教师有权停止其实习支教工作,责令其返校。凡与学生关系不当,打架斗殴,严重影响安定团结或有其他严重违纪行为的学生,带队教师有权责令其立即返校,实习成绩以不及格记录。

六、实习支教的管理职责

高等院校要与地方教育行政部门和中学建立权责明晰、稳定协调、合作共赢的"三位一体"协同培养机制,协同制定培养目标、设计课程体系、建设课程资源、组织教学团队、建设实践基地、开展教学研究、评价培养质量,形成教师培养、培训、研究和服务一体化的合作共同体。为确保大学生实习支教工作顺利开展,相关单位及工作人员各负其责。

(一)派出院校的职责

派出院校要与教育行政部门和相关中学共同制定实践基地建设规划,建立实践基地管理制度,提供合适的教育实践环境和实习指导,每20个实习生配备不少于1个教育实践基地,满足专业教育教学、实践学习的需要,其中示范性教育实践基地不少于三分之一,并能发挥示范带动作用。

(1) 建立健全组织领导机构,加强实习支教管理工作,实行安全管理目标责任制,一级抓一级,层层抓落实,切实保障实习支教工作安全顺利地进行。

(2) 主动加强与受援学校、指导教师及实习生的联系,及时准确地掌握实习生的实习状态,解决其实习过程中出现的矛盾和问题。

(3) 做好实习支教指导教师的选派工作,选择责任心强、教育教学经验丰富的教师担任指导教师。

(4) 做好实习支教点的分配工作,严格按照"成组配置、集中管理"的原则安排实习支教点,对地理位置偏远、交通不便、社情复杂的支教点,要提前撤销或予以调整。

(5) 加强对实习生的思想政治教育、形势政策教育、民族团结教育和安全纪律教育,引导实习生增强安全防范意识、自我保护意识和团结合作意识。

(6) 严格落实为每位实习生购买人身意外伤害保险制度,将教育厅拨付的保险专项经费做到专款专用。

(7) 根据学校实际情况制定相应的《大学生实习支教安全管理办法》。

(二)受援地区教育行政部门的职责

(1) 建立健全组织领导机构,制定处置突发事件应急预案,实行安全管理目标责任制,与受援学校签订安全责任状,将每一位实习生的安全问题落实到具体负责人身上,切实保障实习支教工作安全顺利地开展。

(2) 解决完善实习生食宿安全保障措施,排查安全隐患,切实解决实习生的住宿安全问题、饮水卫生问题、进点和返校的交通安全等问题。

(3) 认真履行"上传下达"的责任和义务,保持信息渠道畅通。

(三)受援学校的职责

受援学校是促进师范生"一践行、三学会"毕业要求达成的支撑平台。它承担着帮助师范生获得一线优秀教师的经验性指导、榜样示范,助力师范生完成从实习学生到合格教师的适应性转变的职责。

(1) 由校长牵头,精心安排实习支教工作。根据需要安排有经验的人员担任实习生的生活指导教师,教给实习生必备的生活技能。

(2) 定期对实习生进行思想政治教育、安全教育，增强学生自我保护意识，提高其自我防范意识。

(3) 落实 24 小时值班制度，尤其是节假日期间安排责任心强的工作人员值班，原则上不得安排实习生值班。

(4) 积极和高校带队教师沟通，汇报实习生的思想动态。

(四)带队教师的职责

带队教师主要是指派出高校的教师，由高校选派事业心和责任感较强、教学与管理经验丰富、熟悉中小学教育教学情况的教师担任。其职责如下。

(1) 在实习前熟悉实习支教的各项要求和管理办法，按要求参加实习支教动员大会，及时与实习生取得联系，做好实习支教前的各项准备工作。

(2) 每个实习点都要指定一名品学兼优、责任心强的学生为实习组长，每周与各实习点组长至少召开一次实习情况汇报会，全面及时地掌握实习生的各种状况。必要的情况下可成立临时党小组，充分发挥学生党员的模范带头作用。

(3) 加强与地区教育行政部门、受援学校的联系，积极配合受援学校工作，及时解决实习支教过程中出现的各种问题。

(4) 及时了解、掌握及检查学生实习情况，严格审批学生的请销假，对在实习过程中违反纪律的学生，指导教师要视其情况对其进行批评教育，情节严重的，及时报上一级实习支教领导小组。

(5) 要和请假离开受援学校的学生保持密切联系，了解其行踪，杜绝学生"失踪"现象的发生。

(五)指导教师的职责

实习支教过程突出高校与中小学协同育人、高校教师与中小学教师共同指导师范生的双导师制，指导教师一般由高校教师和中小学教师两部分组成。

实习受援学校指派的指导老师，主要负责对实习支教大学生进行专业教学和班主任工作等指导，其主要职责如下。

1. 教学指导教师的职责

(1) 负责给所带实习生安排好课时，指导实习生编写教案，听试讲。

(2) 审批实习生的教案，实习生的教案不经指导教师签名不得上课。

(3) 跟班听完每位实习生的课程，做好课堂听课记录，课后负责组织对实习生课堂教学进行讲评。

(4) 全面掌握所带实习生的教学情况，并对每位实习生的教学实习情况评分，填写实习评语。

2. 班主任指导教师的职责

(1) 负责指导该班实习生制订好班主任实习工作计划与日常工作的分工和安排。

(2) 负责指导实习生做好班主任的各项具体工作。

(3) 负责填写实习生的班主任工作评语。

3. 高校指导教师的职责

高校指导教师需选聘师德师风良好、责任心强、熟悉实习支教工作、谙熟基础教育实践的老师承担，最好是高校教师教育课程教师。高校指导教师主要采用现场指导、巡回指导和远程指导相结合的方式，促进实习生将教育理论与教育实践有机融合。

(六)实习生的职责

(1) 严格履行请销假制度，所有学生不得旷课。

(2) 严格遵守派出院校和受援学校的规章制度，服从管理。

(3) 尊重受援学校领导及教师，服从分配，认真工作。

(4) 不单独外出，不脱离教学岗位，结伴外出时须保持通信畅通。

(5) 严禁酗酒和在宿舍内吸烟，未经高校指导教师允许不得私自聚会。

(6) 北京时间 20:00 之后，不得离开住宿学校，如有特殊原因不能按时返校，需征得派出院校指导教师及受援学校安全负责人同意。

(7) 提高自我安全意识、提高警惕、提高自我防范意识，增强自我保护能力和应变能力。

(8) 实习期间，应积极主动地与学校实习支教领导小组、指导教师保持密切联系，汇报实习及思想情况。

(9) 保持清醒的政治头脑，旗帜鲜明地反对民族分裂主义和非法宗教活动，严禁参加一切非法活动和封建迷信活动。

(七)教育厅的职责

(1) 统筹协调全区大学生实习支教安全管理工作。

(2) 及时收集各派出院校、基层教育局和受援学校的实习支教安全信息。

(3) 不定期地对派出院校、受援地区教育行政部门、受援学校的安全管理情况进行检查，对不符合安全要求的单位进行通报批评。

(4) 汇总各实习地点的安全状况，对出现的安全问题及时协调解决。

七、实习支教学生守则

(1) 坚持中国共产党的领导，以马克思列宁主义、毛泽东思想、邓小平理论、"三个代表"重要思想、科学发展观、习近平新时代中国特色社会主义思想为指导，坚决维护国家统一、民族团结和社会稳定。

(2) 严禁参加任何形式的宗教活动，严禁穿戴宗教服饰，旗帜鲜明地反对宗教极端思想。

(3) 不传谣、不信谣、不造谣。

(4) 不观看、存储和传播暴恐音视频。

(5) 认真学习实习支教的有关文件和各项规定，明确实习支教的目的，端正态度，切实做好实习支教的各项工作。

(6) 自觉学习党和国家的民族宗教政策和法规，了解并尊重不同民族的风俗习惯。

(7) 严格遵守《中小学教师职业道德规范》，坚决落实中小学教师"十不准""十做到"。

(8) 服从学校和实习地区教育局的分配安排，在指定学校实习支教，不准通过不正当手段或理由私自调整实习学校。若有特殊情况确需调整的，必须征得派出院校教务处和实习地区教育局的批准。

(9) 严格遵守实习学校校规校纪，服从实习学校的领导、指导教师的管理；实习支教工作时间按当地学校规定执行，病、事假及外出严格履行请销假制度。

(10) 与派出院校带队教师、实习支教小组组长随时保持联系。有特殊情况及早告知实习学校负责人和派出院校带队教师，通过正当渠道维护个人权益，不使用过激言语和行为。

(11) 对实习学校的意见和建议，要通过指导教师有组织地提出。

(12) 保质保量地完成实习计划中所规定的各项实习任务，认真填写实习支教手册，撰写实习支教感悟，收集实习支教视频、图片等，实习结束后及时上交所在院校。

(13) 严格要求自己，以身作则，言行举止、作风修养、衣着穿戴等都应为人师表，满腔热情地关心和教育学生、和蔼诚恳地对待学生。

(14) 爱护公物，节约水电，保持宿舍和办公室的整洁卫生。借实习学校的东西要及时归还，如有损坏应予赔偿。

(15) 未经派出院校带队教师和实习学校领导批准，不得参加任何形式的聚会。

(16) 与其他同学团结一致、彼此关心、互相帮助、共同提高，大胆创新、发挥才干，努力以优异的表现赢得实习学校领导、教师、学生的认可和肯定，自觉维护学校荣誉。

学习建议：

阅读教育部、新疆维吾尔自治区教育厅及高校实习支教的相关文件，领会实习支教精神和要求，明确实习支教的意义、内容、形式和要求。

第二章 准备实习支教

实习支教是大学生提前了解社会、锻炼意志品质、提高教学技能的良好途径，是从学生身份到教师身份的重大转折，实习生将面临独立工作、生活自理的巨大挑战。实习支教主要分为"实习支教前准备""实习支教中监管"和"实习支教后汇报"三个环节。"不打无准备之仗，方能立于不败之地"，实习支教前的准备是教育实习能否成功的前提，大学生应该未雨绸缪，做好实习支教各项准备工作。充分的心理准备、理论准备、技能准备和物质准备，可以为实习支教取得成效打下坚实的基础，保证实习支教的顺利实施。

一、师德修养准备

育人的根本在于立德树人，教师是立教之本，师德是教师之魂。师德师风是教师的职业规范，是从教者的职业道德要求，是深厚的知识修养和文化品位的体现。师范生要以德立身、以德立学、以德施教、以德育德，发扬叶圣陶先生倡导的"捧着一颗心来，不带半根草去"精神，以赤诚之心、奉献之心、仁爱之心投身到教育事业。

(一)践行师德规范

"学高为师，德高为范"道出了作为一名合格教师，除了要有扎实的专业知识、较高的文化水准外，更重要的是应有良好的道德素质。师德是教师工作必须遵守的道德规范和行为准则的总要求，是引领和指导师范生学会教学、学会育人和学会发展的第一素养。师范生要践行社会主义核心价值观，增进对中国特色社会主义的思想认同、政治认同、理论认同和情感认同，系统地构建正确对待职业、对待学生、对待工作和自身修养四个领域的职业认知和规范养成体系。

(1) 立德树人。师范生要贯彻党的教育方针，以立德树人为己任。

(2) 师德规范。师范生要遵守中学教师职业道德规范，以"职业理解与规范"为重点。

(3) 依法执教。师范生要具有依法执教意识，立志成为有理想信念、有道德情操、有扎实学识、有仁爱之心的好老师。

高校要立足"知行合一"，创设师德践行环境，创新师德养成路径、形式和方法，注重将师德认识内化为师德认同，转化为师德行为，帮助师范生成长为思想政治信念坚定、职业发展目标明确、具有立德树人理念、理解依法执教的内涵、认同师德规范并能在专业实践中积极践行的新时代好教师。

(二)涵养教育情怀

"师者，人之模范也，无德者无以为师。"教师既是"经师"，也是"人师"。教育情怀是以情系学生、胸怀育人为标志的教师核心素养，是师范生学会教学、学会育人、学会发展的心理保障。该指标对应培养目标中师德素养定位，聚焦促进学生成长，提出具体培养规范要求。

师范生要具有从教意愿，认同教师工作的意义和专业性，具有积极的情感、端正的态度、正确的价值观；具有人文底蕴和科学精神、尊重学生人格、富有爱心、责任心，工作细心、耐心，做学生锤炼品格、学习知识、创新思维、奉献祖国的引路人。

(1) 敬业情怀：教师这个职业是一个平淡而辛劳的职业，而教育是一项神圣的事业。作为老师，对待教育事业要心怀敬意。

(2) 教学情怀：要让孩子用知识改变命运，让更多的孩子因上学而倍感幸福。通过学习与教育，使他们将来能够为国家、为社会多做点贡献，成为一个有善良品质、有感恩心灵、有报国能力的人才。

(3) 学术情怀：教师是一个学无止境的职业，应该用更深远的学术内容、用活力和激情去感染学生，用创新和智慧去启迪学生。

(4) 道德情怀：提高学生学习成绩靠的是教师的教学技能、教学态度，但影响学生道德品质的，是老师自身的道德情操。

(5) 家国情怀：做老师切实的爱国方法就是致力用学术造就有用人才，将来为国家服务，真正把自身工作与祖国的前途和民族的命运对接起来，这是一种大爱的家国情怀。

高校要以引导师范生"做学生成长的引路人"为目标，通过参与式课程学习、示范性榜样熏陶、反思性案例分析、主题性教育活动、行动性实践体验、激励性成长评价等养成途径和形式，帮助师范生树立正确的教师观，理解教师是学生学习的促进者，认同教师工作的意义和专业性在于创造条件促进学生自主和全面发展，加强自身修养，丰富人文底蕴和科学精神，养成积极向上的情感，端正奋发图强的态度和持续努力的行为。帮助师范生树立正确的学生观，以学生成长的引路人为职业角色预期，在教育教学实践中，能够正确处理师生关系、尊重学生人格、尊重学生的学习和发展权利及个体差异，对学生富有爱心和责任心，对工作耐心和细心，乐于为学生成长创造发展的条件和机会。

二、专业素养准备

(一)专业知识准备

修读教师教育课程，包括教育学、心理学、学科课程与教学论、教育技术学、中小学生心理辅导、班级管理及班主任工作、教育研究方法等，根据教学计划安排执行。教育学是研究教育现象、教育规律以及如何培养人的学科。师范生必须了解党和国家的教育方针，了解教育的目的、过程、内容和方式方法，认真学习教育理论及其规律，学好学科课程与教学论，熟知学科教育教学的一般规律，尤其要了解基础教育的特点、新的课程理念以及中小学课程改革的进程等。

心理学，尤其是教育心理学、儿童心理学等更是一名老师必备的知识。作为教师，只有了解学生的情感、认识、意志等心理过程以及能力、气质、性格等，才能在教育教学中培养学生的创造力、激发学生学习的兴趣、训练学生的思维力、塑造学生健全的人格等，这些都离不开对心理学相关内容的研究。

理论是实践的基础，要形成教学技能，解决教学操作问题，必须认真学习相关的学科教学论的内容，谙熟课程论、教学论的知识。学科教学论是师范生较为重要的一门课程，特别是在新的课程改革中，学科教学论更是肩负着重要使命。课程的性质、教学原则、课程标准、科学的现代教学观念等，都与培养未来社会需要的人才息息相关。教师在教学过程中应与学生积极互动、共同发展，要处理好传授知识与培养能力的关系，注重培养学生的独立性和自主性，引导学生质疑、调查、研究，在实践中学习，促进学生在教师指导下主动地、富有个性地学习。因此，在教学中，教学目标的确定、内容的选择、教学过程的设计、教学方法的优化等，实习生都必须熟记于心。实习生只有把握学科教育发展的方向和规律，熟悉学科教学对学生发展的重要意义，了解在学科教学中如何使学生学会终身学习，才能在实际教学中践行课程标准的理念，取得最佳教学效果。

(二)专业能力准备

实习支教的主要目的是使实习生提高教育教学工作的能力。教学能力的训练和提升是一个长期积累的过程，但在实习支教之前有针对性地进行技能的强化训练还是必要的。

1. 练好"三字一话"

2021年12月23日，教育部、国家乡村振兴局、国家语委联合印发的《国家通用语言文字普及提升工程和推普助力乡村振兴计划实施方案》强调："推广普及国家通用语言文字，是铸牢中华民族共同体意识的重要途径，是建设高质量教育体系的基础支撑，是实施乡村振兴战略的有力举措，对经济社会发展具有重要作用。"国家通用语言文字包括普通话和规范汉字。推广国家通用语言文字，不仅能有效提升民族地区群众对中华文化的认同，而且能全面推动乡村振兴战略的实施。

写好粉笔字、钢笔字、毛笔字，说好普通话是实习生的基本技能，是保证课堂教学有效、有序进行的基本前提，是新时期教师发挥教书育人示范作用必备的职业技能。即使在信息科技高速发展的今天，"三字一话"仍然是教师继承与弘扬中华民族优秀文化的主要途径。教师一手规范、漂亮的书法，一口标准、流利的普通话，能充分体现教师的专业素养和人文底蕴，不但能得到学生的认同和喜爱，树立教师在学生心目中的良好形象，还能起到很好的书写示范作用，对学生起到潜移默化的长远影响。

2. 熟悉所用教材

中小学校长和老师普遍反映，现在的师范生实习中存在突出的问题是不熟悉教材，特别是近几年，基础教育课程改革日新月异，对教师提出了更高要求。广义的教材不只是课本，它还应该包括学科课程标准、参考资料、练习册等。因此，师范生在进入实习学校之前，首先要学习本学科的课程标准，明确课程的性质、地位、理念、目标、内容及教学实施要求，用研究的态度、比较的方法认真地学习，从而加深理解；其次，要结合《教师教学用书》等参考资料研究教材，厘清教材的编写体系和意图，准确把握教材内容。

3. 学会教学设计

教学设计(备课)是课堂教学的最初环节，教学设计能力是师范生最终走上讲台成长为一名教师的必备能力。教学设计活动不仅能体现教师的教学准备情况，也能反映教师的教学理念及学科素养。对师范生进行合理的教学设计指导，主要侧重于教材分析与整合、学情分析、教学目标与重难点、教学策略与媒体等方面的指导。师范生要在教师的指导下掌握教学设计的一般步骤和方法，写出一份合格的教学设计。

4. 进行教学实践

要总结前期见习和试教的经验。见习阶段的观察和学习是实习的基础，见习过程中学生的所见所闻是了解基础教育最直接的窗口，也是最直接的学习模式。在见习过程中，学生把自己的课与老师的课相比较，观察课堂气氛、学生反应、师生互动等情况，课后反复研讨见习课教学设计，写出书面评课意见，最后通过思考、消化、理解，转化为实际教学能力。试教是师范生在教学见习的基础上进行的教学实践活动，是一种课堂教学技能的训练，对于提高师范生的教学能力具有不可替代的作用。试教前要按照要求认真备课，根据基础教育课程标准、相关教学理论、教材、学生情况等进行教学设计，并且要体现课程改革的新理念。在独立备课的基础上，经专业课指导教师审阅教案后，在模拟课堂情境中规范地完成课堂教学任务。课后要认真听取指导教师意见，认真反思，进一步修改完善教学设计，为再次试教作准备。

5. 练习解题和命题

解题能力是每位师范生都应该掌握的一项技能，也是师范生专业能力中的薄弱环节。解题的价值在于运用所学学科知识厘清问题的来龙去脉，弄清问题解决的思维过程。事实上，对于各个学科，解题实践可以巩固学科的基础知识、优化教师的思维品质、强化解题方法，同时，通过解题训练可以熟悉所教内容并形成教学能力，进而灵活驾驭教材。师范生要提前将教材中的课后练习做一遍，同时，还要精选学科练习册，进行系统的解题训练，通过解题训练积累解题经验，掌握思维方法，培养解题能力，从而提升自身的教师素质和教师核心素养，为实现专业成长提供助力。

考试是基础教育教学质量测量和评价的常用手段。考试是一个系统的过程，它包括试题编制、施测过程、阅卷评分、分数合成与解释等主要环节。作为一名教师，研究考试目的、题型，进行试题编制和分析是教学工作的一部分，因此对师范生而言，还要训练命题能力。首先，师范生在实习前应该至少做近 3 年的本学科的各个学段的考试题，研究解题思路、探讨解题规律、总结解题技巧等；其次，在解题训练及深入钻研教材的基础上，根据试题设计原则、命题注意事项、参考答案和评分标准等进行命题训练；最后，还要进行模拟评阅试卷以及试卷分析与总结的训练。

三、心理素质准备

心理素质对于一个人终身成就和幸福水平的重要性，远远超过了知识和文化素质。师范生进入实习支教阶段将是一个全新的开始，面对新的变化。新的学习环境、新的人际关系、新的生活环境、新的学习任务、新的身份角色等，会让师范生产生不良的心理倾向，如焦虑、自卑、怯懦、浮躁等，这些都会影响实习支教的质量，甚至对今后的职业选择及工作造成负面影响。因此，师范生在实习前应该提高心理素质，做好心理准备。

(一)疏导心理障碍

实习支教对实习生来说，是一种全新的学习方式，学生在这一阶段的学习中身份发生明显变化。实习生在教育实习阶段有明确的学习目的和任务，从这一角度看，实习中的师范生仍然是学生的身份；但是在实习过程中，面对具体的教育教学对象，实习生又是老师。在身份与角色的转换中，师范生需要具有健康的心理，要克服心理障碍，主动了解和适应实习支教工作。

(1) 提高主动意识，明确教育实习的目的和意义。要克服盲目等待的被动心理，不要等待教师布置实习任务才去行动，或者把教育实习当作走过场，应该以饱满的热情和积极的心态投入到实习的准备工作中去，充分相信自己有能力、有实力完成实习任务，充分认识到实习工作的重要性和积极意义。

(2) 要知晓教育教学工作的实习内容，制订好实习工作计划。师范生实习之前，院校都会组织学习有关实习工作的各种文件，包括教育实习的模式、教育教学实习工作的内容和要求、实习生管理规定、实习成绩评定、优秀实习生评定、上交实习材料的要求、实习工作的总结与鉴定等。实习任务主要包括教学实习、班主任实习和教育调查三项。教学实习主要是指课堂教学实习以及与课堂教学相关的其他教学活动，包括备课、编写教案、课堂教学、听课、评课、批改作业、讲评等。班主任实习包括了解班集体情况、制订班主任工作计划、主持主题班会、开展班级日常工作、指导学生开展课外活动、对学生进行个别教育和组织自我教育等活动。教育调查是指实习生在教育实习期间，对所在实习学校或者教育部门进行调查了解，认识基础教育的改革现状与发展趋势及需要解决的教育与教学问题，培养师范生的调查研究能力。认真学习各项实习要求和内容，给自己制订实习工作计划，有利于实习生在实习工作中有的放矢，科学合理地安排自己的工作和学习生活，争取实现实习工作收获最大化。

(3) 了解实习学校基本情况。实习学校对实习生来说是一个全新的环境，在这里要完成学习和工作任务。了解实习学校的基本情况，包括学校规模、在校学生人数、师资等情况，有助于实习生尽快进入教师角色，投入到学习和工作中。有了以上心理准备，实习生才能以自信的心态、清醒的意识、朝气蓬勃的精神状态投入到新的学习和工作中，才会具有责任感、使命感，这样在未来的实习中才会有成就感。

(二)完成角色转换

在教学实习过程中，师范生由于无法正确定位自身的身份角色，难以自觉形成教师形象，只是作为"学习者""旁观者"甚至"学生的玩伴"出现在教学现场，也就很难达到良好的实习效果。在实习支教前的准备阶段，帮助师范生自觉完成角色转换十分重要，并且在实施过程中要注重"自觉形成"的过程，而不是纯粹的理论讲解。可以采用座谈会的形式，召集学生针对"教师形象"问题进行讨论，通过调动回忆、积极交流和理性提升三个环节，构建出学生自我心目中理想教师的形象。其具体实施办法包括：由老师拟定关于心目中的理想教师形象的话题；围绕话题进行交流、讨论，鼓励学生畅所欲言，各抒己见；最后由指导老师与同学一起归纳出理想教师形象所应包含的内容。这样的方式可以帮助学生结合亲身经历，在明确自己身份角色的基础上深切体会教师工作的辛劳、教师职责的神圣，在心目中建立自己的角色期待，成为实习及未来教学生涯的奋斗目标。

四、物质条件准备

"兵马未动，粮草先行。"在一个学期的实习支教过程中，涉及衣食住行等生活问题，实习生要根据天气、实习当地交通等情况，落实好住宿问题，带好生活用品，安排好生活，另外，还要备好实习学校所用的教材、备课用的工具书及教辅用书等。

(一)衣服的准备

实习支教时间为一个学期，时间跨度比较长，新疆昼夜温差较大，实习生既要准备保暖的冬装，还要准备清凉的夏装，多带几套随身替换的贴身衣服。

1. 春季实习支教(3月至7月)

衣服：棉衣、长裤、外套、长短T恤等。

鞋子：运动鞋、单皮鞋等(不宜穿凉鞋，尘土较大)。

防紫外线、沙尘工具：太阳镜、飞巾、遮阳帽等(依据个人情况而定)。

2. 秋季实习支教(9月至12月)

衣服：棉衣、羽绒服、长裤、保暖内衣、毛裤、毛衣、外套、长短T恤等。

鞋子：运动鞋、棉鞋或靴子等。

防紫外线、沙尘工具：太阳镜、飞巾、遮阳帽等(依据个人情况而定)。

保暖工具：围巾、帽子、手套、热水袋、暖手宝等。

大部分支教地点风沙较大、紫外线较强，不宜穿无袖衫、短裙、短裤。部分支教地点位于山区，即便处于春秋季节，早晚温度还是较低，应多带御寒衣物。由于风沙大、尘土多，建议大家最好不要带白色衣物。

(二)生活用品的准备

(1) 身份证、学生证、银行卡、手机和少量现金等。偏远地区主要是中国工商银行、中国农业银行或中国邮政储蓄银行，当然院校发放生活费的银行卡也要带上。现金可以少带一些，因为许多地方都可以网上支付，实习学校也会提供必要的生活保障。

(2) 床上用品。有些学校可能不需要自己带，但是最好自己带上被罩、床单、枕巾，以备换洗。

(3) 日常用品。可准备牙膏、牙刷、脸盆、擦脸油、毛巾、水杯、香皂、洗发水、洗衣粉、饭盒、筷子、勺子、晾衣架等。当然，大部分日常用品均可在支教地点买到。

(4) 手电筒、应急灯、充电宝等应急物品。

(三)药品的准备

根据自己的身体状况多带一些常用药，如感冒药、消炎药、创可贴、止泻药，还可以带一些樟脑球、花露水等防治蚊虫叮咬类药品，皮炎平等皮肤抗过敏性药品。

另外，实习支教虽然忙碌，但也会有一些闲暇时间，可以带一些书籍，充实自己。考研的学生也可以充分利用这段时间学习备考。

学习建议：

(1) 观摩上届大学生实习支教汇报会，组织实习支教经验交流会。
(2) 了解实习支教学校当地的气候特征、风俗习惯等，学习党和国家的民族宗教政策。
(3) 分组进行模拟教学技能训练。

第三章　指导实习支教

一、教学工作

教学工作实习是教育实习的中心环节，是整个教育实习的中心内容。教学工作实习包括听课、备课、上课、观课、议课、课外辅导、作业检查与批改、成绩考核与评定等各个环节。

(一)听课

听课是一种对课堂进行仔细观察的活动，它对于了解和认识课堂有着极其重要的作用。课堂上许多司空见惯的问题经由听课者的观察，可发现很多值得探索、深思的地方。听课是提高教师素质、提升教学质量的重要方式。

1. 有准备地听

听课的时候，我们应把自己定位为教学活动的参与者、组织者，而不是旁观者。听课前要有充分准备，对要讲的课程内容有所知晓，了解教师的意图，知道课程的教学目的是什么，重点、难点是什么，这样在听课的过程中就能做到有的放矢，带着问题去听。有"备"而听，并尽可能以学生的身份参与到学习活动中，才能获取第一手材料，从而为自己如何上好一堂课奠定基础。

我们还应该是审美者而不是批评家，要多学习老教师的长处，为我所用。从这个角度讲，新教师不仅要用美的眼光去感受老教师的仪态美、语言美、板书美、直观教具美等外在的美；还要领略老教师通过精巧的思维、严密的推理、严肃的实证来充分展示科学的理性美；更要用心体会教学过程中的尊重、发现、合作与共享，这是更高境界的美，值得我们去永远追求。

2. 有重点地听

教学是涉及教师与学生双边的活动过程。一节课成功与否，不仅在于教师讲了多少，更在于学生学会了多少。所以听课应从单一听教师的"讲"变为同时看学生的"学"，做到既听又看，听看结合，注重观察。

对于教师的授课，听课者应该注意：①听教师如何讲，是否讲到点子上。即课堂教学确定怎样的教学目标，重点是否突出，详略是否得当；②听教师讲得是否清楚明白。目标采用什么方式实现，如何引导学生复习回顾、回顾什么，学生能否听懂，教学语言如何；③听教师启发是否得当。新课如何导入，包括导入时引导学生参与哪些活动；创设怎样的教学情境，采取了哪些教学手段；设计哪些问题让学生进行探究、如何探究(设计活动步骤)；

④听学生的讨论和答题。设计怎样的问题或情境引导学生对新课内容和已有的知识进行整合；安排哪些练习让学生动手练，使所学知识得以巩固；课堂教学氛围如何；⑤听课后学生的反馈。

对于学生的学习活动，听课者应该关注：①学生是否在教师的引导下积极参与到学习活动中；②学习活动中学生经常作出怎样的情绪反应；③学生是否乐于参与思考、讨论、争辩、动手操作；④学生是否经常积极主动地提出问题；等等。由于教学是一种学习活动，其本质是学而不是教；而且教师活动是围绕学生的学习活动展开的，因此在关注教与学双边活动时，更要关注学生的活动。

听课不但要听，还要看。

一看教师：精神是否饱满、教态是否自然亲切、板书是否合理、运用教具是否熟练、教法的选择是否得当、指导学生学习是否得法、实验的安排及操作是否恰当、对学生出现问题的处理是否巧妙……一句话，看教师主导作用发挥得如何。

二看学生：整个课堂气氛，学生是静坐呆听、死记硬背，还是情绪饱满、精神振奋；看学生参与教学活动的积极性；看学生对教材的感知度；看学生注意力是否集中，思维是否活跃；看学生的练习、板演、作业情况；看学生举手发言、思考问题情况；看学生活动的时间是否得当；看各类学生特别是后进生的积极性是否调动起来；看学生与教师情感是否交融；看学生自学习惯、读书习惯、书写习惯是否养成；看学生分析问题、解决问题的能力如何……一句话，看学生主体作用发挥得如何。

3. 听课要思考

实习生一边听，一边思考这样一些问题：教师对教材为何这样处理？换成自己该如何处理？教师是怎样把复杂问题转化为简单问题？他的教学有什么值得自己学习？重、难点是怎样突破？自己应怎样对"闪光点"活学活用？讲得好的课，应该看得出学生是怎样从不懂到懂，从不会到会，从不熟练到比较熟练。在课堂上，学生答错了，答得不完整，答得结结巴巴，这是正常现象，正因为这样他才要学习。老师的功夫也就是在学生答错时，能加以引导；答得不完整时，能加以启发。所以听课，一定要注意看实际效果，看学生怎么学，看教师是怎样教学生学的。思考之后，可以和自己的备课思路进行对比分析，大胆地去粗取精、扬长避短，写出符合自己特点的教案。

听课作为第一感受，必须有反馈式的交流，才有进一步的深化。听课中要使自己的思维和老师、学生的思维一致。做练习时，可做启示性的引导与剖析。听课后，能比较详细地向教师汇报收获与看法，再让教师指出哪几点还没有听出门道，而不是停留在看热闹的浅层面上，对具体问题作进一步的切磋，共同探讨如何做得更好。

向别人学习，其实也是一种创造。这种创造有赖于自己的观察、思考与探索，只有通过这样的努力才能将别人的教育教学思想转化为自己的理念，而不仅仅是表面上的方法与技巧的增多。要达到这样的目的，首先要想办法提高自己的思想素养，让自己能够站在一定的高度学习别人的经验，并逐步形成自己的教育思想和教育理念。

4. 听后要讲评

听课的目的是使教师个人和整体教学活动得到改进和提高。因此，发展性听课不应有终结性听课的结论，而只是鼓励、支持教师积极参与教学改革，促进自己的事业不断发展。

(二)备课

备课又称教学设计，是课堂教学实习的第一个重要环节，是上课的前提与基础，是决定课堂教学质量的关键，是实习生顺利开展实习工作的第一步。指导教师要精心做好备课的指导工作，实习生要全力做好备课工作。

1. 深入钻研课程标准和教材

课程标准是教学的指导性文件，学习和研究课程标准，可以全面理解本学科的教学目的、知识体系、学科特点，理解本册教科书在学科知识体系中所处的地位、学科教学目标中所负担的任务，弄清本册教科书的重点与难点以及各单元的组成与要求等。研究课程标准的主要目的在于纵观全局，掌握主线，编写出符合课程标准要求的教案。

实习生必须在研究课程标准的基础上通读教科书，较好地掌握教科书的全部内容，较准确地把握重点和难点。钻研教科书要做到"弄懂、吃透、融通"。

2. 全面了解教学对象

教学对象是学生。了解学生，主要包括以下几个方面：本学生的学习目的、态度、兴趣和方法；本学生"双基"的掌握情况；掌握本学生学习其他课程的情况；了解本学生思想、生活情况及可能产生的思维障碍等。

3. 明确教学目标与要求

写教案之前首先要明确教学目标，因为教学目标是教学总任务或总目标的具体体现，是课堂教学的依据，是教学活动的出发点和归宿。要根据课程标准、教学内容和学生的实际这三个方面认真研究的基础上恰当地确定教学目标。教学目标一经确定，教材处理、结构设计、教法选择、教学评价以及其他各个教学环节都要紧紧围绕教学目标来安排。

4. 精心制定教学策略

课堂教学是教师、学生、教学内容及教学媒体等要素构成的系统。要使课堂教学取得最佳效果，就必须使课堂教学最优化。

1) 课堂教学结构的优化

课堂教学结构优化的基本标准：①效果标准，即使学生在知识、技能以及思想品德等方面均达到最高水平；②时间标准，即在达到预设的最高水平过程中，教师与学生所付出的时间和精力最少。课堂教学结构优化主要体现在知识结构的优化、时间结构的优化、认知结构的优化、训练结构的优化四个方面。

2) 课堂教学的过程优化

课堂教学的过程随课的类型不同而改变，即使同一类型的课，亦因学生、班级不同而结构有异。一节新授课的课堂教学过程包括：准备阶段、中心阶段、巩固阶段、发展阶段和整理阶段。

5. 编写教案

教案，即课时计划，是教学设计的文字反映。备课的成果通过教案反映，而教案又是备课工作的最后落实。

1) 提前写出详细教案

(1) 在征得指导教师同意后，要尽快准备教学实习使用的教案。

(2) 教案经反复试讲和修改，经指导教师签字后，方可在教学实习时使用。

(3) 教案的形式要以指导教师的意见为主。

2) 编写教案的基本原则

(1) 目的性原则。所谓目的性原则，即指课堂教学的一切设计与活动都要为实现教学目标服务。例如，教学方法的选择、课堂教学的设计都要为教学目标服务，而教学目标则像一条红线一样贯穿于教学各个环节，使课堂教学随着过程的推移而逐步逼近目标，从而达到最佳效果。

(2) 科学性原则。科学性原则首先要求教案的思想观点或知识内容都应准确无误，符合科学，即对教科书中概念、定义的表达，观点见解的论证，材料、事例的征引，数学公式的推导及语言文字的表述都不能有错误。其次，教材的组织、教法的选用、程序的安排都必须符合学生的认知规律，应做到由易到难、由浅入深、由感性到理性、由具体到抽象，循序渐进。同时，在知识的容量和难易程度方面要考虑到时间的可行性与学生的可接受性，做到容量适宜、难易适中。

(3) 计划性原则。所谓计划性原则，即指课堂教学的安排务必条理清晰、层次分明、环环相扣、完整有序。教案之所以又称课时计划，正是这种要求的反映。一份好的教案，对教学内容的处理、教学过程的安排、教学方法的选择、教学环节的设计、教学手段的配合等都要全面计划，以保证突出重点、分散难点、严密逻辑、过渡自然，使目的性、科学性都能得到保证，易于教学的操作。

3) 了解教案的内容和格式

教案的基本内容包括以下几个方面。

(1) 总课题计划。

总课题：教材的题目。

教学目标：按照课程标准要求，一般包括知识与技能、过程与方法、情感态度与价值观等方面。教学目标要明确恰当、具体可测，切忌抽象笼统。

重点难点：确定重点、难点必须以本为本，深入地分析教材和学情。

教学方法：提倡采用自主学习、合作学习、探究学习等多种学习方式。

课时安排：所需教学时间。

(2) 分课时计划。

教学要求：分课时的具体要求。

教学要点：即教学内容的要点。

课型：如注明是新授课、复习课、实验课等。

教学流程：即教学过程，包括教学步骤、教学内容和教学方法。这是教案的主体部分，应精心设计，通常包括以下内容。

① 复习检查。复习与课本内容有关系的知识，一方面检查学生对已学知识掌握的情况，进一步巩固、加深理解所学知识；另一方面承上启下，为学习新知识做好准备，从旧知识引入新知识。

② 引入新课。教师运用简短新颖、富有趣味的导语，精彩的实验，等等，抓住学生的心理，唤起注意，引导学生学习新内容。

③ 讲授新课。讲授新课是教案的主体，占的篇幅最多，是教案质量高低的主要标志。教师应遵从教案编写原则与学生的认知规律，力求文字精练、概念准确、推理严谨、重点突出、详略得当、教法灵活，形成优化的教学过程。

④ 巩固新课。教师通过小结、提问、练习等方法使学生对所学知识当堂理解、消化和巩固。这是学生获得新知识的必要手段，并使学生掌握运用新知识解答习题的要领，为完成课外作业打好基础。

⑤ 布置作业。应该围绕教学的重点、难点，精选一部分阅读材料或书面作业，让学生独立完成，教师亦可对难度较大的作业做适当提示，且形式要多样，分量要适中，要求要明确具体。

⑥ 板书计划。主要指对板书内容的安排。

⑦ 课后记。

(三) 上课

1. 课前预讲

预讲是实习生正式上课之前的练习，也叫课前试教。它是实习生进行课堂教学实习必不可少的步骤。

1) 课前预讲的作用

(1) 可帮助实习生熟悉教案，初步掌握课堂教学的基本环节，检查、验证教案的可行性。

(2) 课前预讲是身临其境的实战练习，可使实习生初步熟悉教学过程，发现自身的不足，改进教学方法，优化教学设计。

(3) 检验并锻炼实习生的教学能力，尤其是口头表达能力和板书(包括绘图)能力。

(4) 全面检查教学准备工作是否完备。

2) 课前预讲的方式

课前预讲的方式包括模拟式和自由式两种。

(1) 模拟式预讲，即由实习生和若干同学组成一个微型课堂，一人讲其他人听。

预讲内容可以是一堂课的全过程。从学生起立、教师还礼开始，经过引入新课、讲授新课、巩固练习、布置作业到下课为止。讲课过程中学生发问要举手，回答问题要起立，全面模拟一节课程的全过程。这是很有必要的，只有这样才能达到体验与全面锻炼的效果。

预讲内容也可以是一个环节，例如针对一两项教学技能，循环反复进行练习。这种方式针对性强，可因人而异。

对每位实习生的预讲一定要给予评价。听课后要开展讨论，充分肯定每个人的优点与成功之处，以增强信心；也要指出其缺点与不足，以便改进。实习生应各抒己见，指导老师应进行总结，指出方向和具体的改进措施。

有条件的也可录音录像，以便于有针对性地开展评议，有效地促进其进一步提高。

(2) 自由式预讲是指不一定组成课堂，可因人因事而异，可在室内，也可在室外，可放声演讲，也可默讲。它是模拟式预讲的补充。

2. 课堂教学

课堂教学，是整个教学实习工作的核心，是教学实习的重要环节。对教师而言，课堂教学是其业务、思想水平和教学能力的集中反映；对学生来说，课堂教学则是掌握系统知识、发展能力和个性的基本途径。实习生要上好每一堂课，必须经过课前准备、课堂施教和课后小结三个环节。

1) 课前准备

所谓课前准备，是指上课前半小时左右，教师从心理上进入角色，仔细思考如何完成教学任务。具体来说，课前准备包括以下几个方面。

(1) 熟悉教案。首先熟悉教案内容，大到公式的推导，小到一个词的理解、一个字的读音，都要潜心琢磨、认真推敲，尽量做到备细、备深、备精。做到有稿不看稿，把精力集中在教学艺术的运用上。其次让教学进程在自己头脑中过"电影"，从新课的引入到作业的布置，从教学环节的衔接到教学方法的运用，从教师的一言一行到学生的一举一动都浓缩在大脑里过电影，做到胸有成竹、运用自如。

(2) 检查教具。课前一定要检查教具准备情况，诸如实物、标本、模型、图表等是否齐全，电教设备(如幻灯片、投影教材、收音机等)有无故障，实验药品与器材是否齐全，教学工具(如直尺、三角板、圆规等)是否完好，并且对教学工具摆放的位置、出现的顺序等也要认真设计。

(3) 服装仪表。教师的仪表具有较强的外显性和感染力，直接影响着学生的注意力和听课效果。教师整洁、素雅及得体的服装，庄重的发型，和蔼的面容，期待的目光，等等会给学生以良好的感觉，使学生产生喜悦与敬意；反之则会产生不良的感觉。因此，教师需要在上课前整理好自己的仪容仪表。

(4) 调节情绪。上课前实习生要克服胆怯心理，情绪要沉着、冷静、自信。要坚信自己备课是充分的，一定能上好这堂课。在调节好自己的情绪后，提前几分钟走到教室门前，等待上课。

2) 课堂施教

课堂施教即上课，这是教学实习工作中最主要的环节。实习生上课，应处理好以下几个问题。

(1) 教学目标的实现。课堂教学目标是一节课学生预期达到的结果，是讲课的出发点和落脚点。教学目标是否实现，是判断一节课成功与否的关键。所以全部教学活动都应紧紧围绕教学目标进行。

(2) 教学内容的处理与传授。在课堂上要想讲得生动具体，就要在教学内容上达到科学性与思想性的统一。在认识难度和分量安排上必须适合学生的接受能力，在知识的传授上则要突出重点、抓住关键、分散难点、揭示规律，并能结合各科特点进行思想品德教育。如果误认为课本浅显，就无原则地加深、拓展知识，则会脱离学生实际，也会导致失败。这也是实习生需要注意的。

(3) 教学结构的合理与完整。教学结构的组织实施必须符合学生的认知规律，在加强"双基"训练的基础上，把立德树人、开发智力、培养能力放在重要位置。在教学过程中新旧知识的衔接适度、新知识的巩固、时间的安排与节奏的快慢都要科学合理，力争优化。只重视知识讲解而忽视能力培养或课堂前紧后松，都是应力戒的。

(4) 教学方法的选择与运用。教学方法的运用必须处理好教师主导与学生主体的辩证关系。要采用启发式，废止注入式，充分调动学生的主动性，要防止唱独角戏式的上课方式。

(5) 语言的提炼与运用。实习生要使用普通话讲课，使用规范的专业术语。语言要简明清晰、生动形象，具有启发性、逻辑性、趣味性和思想性。同时，也要适当地运用体态语言，提高口头语言的魅力。

(6) 教学气氛的热烈与和谐。教学气氛主要指课堂上师生的精神状态与双边活动的节奏。教师要精神饱满、充满信心，学生则应生气勃勃、思维活跃，有较高的主动性。因此，要求教师充分发挥主导作用，努力创造良好的课堂气氛。

上述要求既是上好一节课的基本要求，也是评价一节课成败的标准，实习生必须朝着这一方向努力。

3) 课后反思

课后反思又称教学后记或课后回顾，即实习生在上完一节课之后，用简明扼要的文字，追记本节课教案的实施情况，上课后的心得体会、经验教训及学生课堂上的活动情况，等等，亦可对课堂教学情况进行自我分析鉴定，以利于今后的改进和提高。

课后反思的内容可归纳为对教案本身的检查与对教案执行状况的回顾两个方面。教学后记可记入教案后的"教学小结""教学后记"栏目内，亦可记在专用的实习日志或实习笔记上，可因人而异，但不要嫌麻烦丢掉这一环节。

3. 评议课

评议课的目的在于将教学实习的实践提高到教学理论的高度来认识，肯定成绩，指明缺陷，使实习生能全面认识自己的得失，明确努力的方向，同时也是教师取得评定实习成绩的可靠依据。进行评议时应注意以下几点。

1) 评议的内容

首先，评议教学目的是否达到，解决了什么问题，解决的目的性是否明确，是否符合课程标准要求与学生的实际水平，是否培养了学生的智能；其次，评议教学内容的科学性、思想性是否达到，有无错误，重点是否突出，难点是否解决，内容安排是否恰当，板书是否妥帖；再次，评议教学原则与教学方法运用得怎样，是否运用启发式，讲练是否结合，教学方法的选择是否调动了学生的积极性，是否培养了学生的自学能力，是否取得了应有的效果；最后，教态是否自然、亲切，语言是否明白、流畅，情感是否充沛，普通话运用得怎样，基本功是否扎实，教具使用恰当与否，组织教学是否成功等诸多问题都应涉及。

2) 评议的要求

一要全面，抓住重点；二要实事求是、态度诚恳；三要讲求实效、鼓励创新。

3) 评议的做法

实习课评议按实习小组进行；评议会由原任课教师主持；评议时指导教师要做好讲评记录，为最后总评打好基础。

(四)课外教学工作

1. 作业的布置与批改

作业的布置与批改是课堂教学的继续，目的是使学生巩固所学知识，并培养学生运用所学知识分析问题、解决问题的能力。这一工作是教学实习工作的有机组成部分。实习生应掌握作业的类型与作业设计和批改的原则与方法。

1) 作业的类型

从作用上分，作业有起复习和衔接作用的引导性作业，有以理解、巩固所学知识为目标的基本性作业，有为培养技能、技巧的转化性作业；从形式上分，可分为口头作业、书面作业与实际操作性作业；从时间上分，可分为课内作业和课外作业。

2) 作业设计的基本原则

作业设计应遵循以下基本原则。

(1) 作业内容必须符合本学科课程标准的要求，紧扣课堂教学内容，注重加强"双基"，突出重点，循序渐进，讲究实效。

（2）分量适当，难易适度。分量与难易程度以中等水平的学生为标准，使优等生做起来稍微轻松，差生通过努力也能完成；另外设计一部分选做题，供学有余力的学生练习，这样可使不同程度的学生都有所提高。

（3）作业形式要多样化。作业应有利于提高学生练习的兴趣，有利于培养学生多种能力，不应布置死套公式的题。

（4）明确作业的要求和完成时间。作业应要求做到字迹工整、作图准确、推理严密、格式规范。明确提出作业的完成时间，以利于学生培养良好的习惯。

3）作业批改

实习生要及时认真地批改作业，通过信息反馈及时调整自己的教学工作。

作业批改，或全批改，或轮流批改，或重点批改，或当面批改；亦可采用学生自我批改、互相批改、教师检查，这可培养学生发现问题、解决问题的能力。但对实习生来说，以采取全批改为好，尽量做到精批细改，这样既有利于实习生能力的锤炼，又有利于实习生对教学工作实习的改进。

2. 课外辅导

课外辅导是教师在课堂教学之外所进行的教学活动，是课堂教学的必要补充。

1）课外辅导的意义

课外辅导的意义主要体现在以下几个方面。

（1）深化和补充课堂教学的不足。课堂教学的时间和条件有较大的局限性，使教学的广度与深度受到一定的局限，课外辅导则可弥补其不足，使学生课堂所学得到补充与深化。

（2）加强对学生的思想品德教育。课外辅导活动内容丰富、形式多样，寓教于动、寓教于乐，有利于加强思想品德教育。

（3）开发学生的特长。课外辅导活动可根据学生的兴趣、爱好、特长，引导其参加喜爱的活动，如开展车模、航模、摄影、写作小组等活动，有利于学生特长的开发。

（4）增长实习生的知识和才艺。实习生要指导开展某项活动，自己就要从事这方面的实践，取得组织课外辅导的经验，增长自己的知识和才艺，有利于实习生自身素养的提高。

2）课外辅导的对象与任务

课外辅导主要是抓"两头"，即学习差的和学习好的学生，因而它的基本任务是培优帮差，以提高全体学生的水平。

3）课外辅导的内容、形式和要求

课外辅导的内容包括答疑、指导课外作业、学习方法指导及补课等。课外辅导的形式多种多样，因班因人而异，不可强求一致。课外教学辅导活动的要求包括：了解学生，明确目的；耐心细致，循循善诱；合理支配时间；安排学习好的学生帮助学习差的学生，以利于共同提高。

3. 学业成绩的考核与评定

实习生要初步掌握学生成绩考核与评定的方式和方法，以提高学习质量和实习工作质量。因此要抓住如下几个环节。

1) 精心编制试题

试题可分为客观性试题和主观性试题两大类，实习生可根据情况选用，但编制试题应遵循如下原则。

(1) 试题内容要以课程标准为依据。

(2) 试题分布要科学。

(3) 根据各知识点考核目的与题型特点确定题型。

(4) 试题要有针对性，与被试者身心特点、知识水平相符。

(5) 试题必须具有思想性和教育性。

(6) 试题的表述要用词准确、文字简练。

(7) 试题不可重复。

(8) 试题既要考查知识，又要考查能力。

(9) 便于测试、作答，阅卷评分省时省力。

(10) 应制出答案与评分标准。

2) 严格实施考试

一方面实习生要热情地为考生服务；另一方面必须严格考场纪律，养成良好的学风与考风。

3) 细心评阅试卷，及时做好讲评

实习生首先要认真研究参考答案和评分标准，先了解试卷大致情况，以便做到统一掌握评分尺度。

评分时要细心、冷静、准确无误，并做好记录。期终、毕业考试以及统考等要做到集体评卷、流水作业、试卷密封、评分者签名等，以保证评卷的严肃性，也可以让学生参评，但要制定标准，要在实习教师指导下进行。

评卷后，应立即进行试卷分析，及时向学生评讲，肯定成绩，指出问题，以便改进教学工作。

二、班主任工作

班主任工作是以教育学、心理学等学科基本理论为指导，理论与实践相结合的教学实践活动。班主任的基本任务是：按照德、智、体、美、劳全面发展的要求开展班级工作，全面教育、管理、指导学生，使他们成为有理想、有道德、有文化、有纪律、身心健康的公民。班主任既能与任课教师、学生家长进行有效沟通，又要组织好学生的各项活动，这就要求班主任具备一定的管理能力，掌握一定的管理艺术。师范生在教学实习过程中也要求担任班主任，以便锻炼自己担任班主任的能力。

(一)班主任工作的主要内容

1. 组建班集体

(1) 制订班级工作计划：包括学期计划、阶段计划、月计划、周计划和具体活动计划。每项计划包括工作内容、时间安排、实施方案以及应该注意的问题等。

(2) 确立班级奋斗目标：包括近期目标、中期目标和长期目标。

(3) 选拔、培养和任用学生干部：学生干部选拔的基本方式是民主选举；培养的方法是在实际工作中指导；任用的方法是支持、鼓励、发挥特长。

(4) 协调好正式群体与非正式群体的关系。

(5) 培养优良班风：正确运用表扬、批评、奖励、惩罚等教育手段，形成正确的舆论导向，通过活动形成学生正确的是非观念和集体荣誉感，严格管理、严格要求，使学生养成良好的行为习惯，促进优良班风的形成。

(6) 组织与指导班会和团队活动：第一，组织日常班会和主题班会；第二，指导团支部或少先队制订工作计划，指导他们开展好各项活动，协助团组织和少先队组织正确地进行组织发展工作。

2. 组织各种活动

1) 组织和指导学生参加课外活动

(1) 课外活动的种类：主要有科技活动、文学艺术活动和体育活动。

(2) 课外活动的形式：可以分为全班性的集体活动、小组活动和个人活动。

(3) 课外活动的要求：坚持自愿的原则，鼓励和发挥学生的独立性与创造性，班主任应具有科技、音乐、美术、体育等某方面的基本知识和基本技能。例如，对音乐、美术作品的鉴赏知识，识谱，合唱指挥和简单绘画(包括会写美术字，设计和画黑板报、墙报)，某种体育项目比赛的裁判方法，队列训练的方法，科技小制作，等等。

2) 组织和指导学生参加社会实践

(1) 社会实践的主要形式：对工矿、农村、部队、企业等进行社会考察、体验生活、参加劳动、军事训练，也包括走访各类典型人物。

(2) 组织和指导社会实践的要求：必须具有明确的目的性和针对性，要掌握组织社会实践的方法，选择实践场所，联系有关单位。做好实践活动前的具体准备工作，在偶发事件发生的时候，能够妥善地进行处理。

3) 组织和指导中学生参加校内外其他集体活动

活动的内容主要包括日常思想教育活动和各种社会公益活动。组织这类活动，必须要根据学生的关注热点或带有倾向性的问题来确定活动的主题，并根据内容选好活动的形式，同时，引导学生积极参与，使活动的过程成为学生接受教育的过程。

4) 对学生进行日常行为规范的训练

(1) 中小学生日常行为规范的内容包括：自尊自爱、注重仪表、真诚友爱、遵规守纪、勤奋学习、勤劳俭朴、孝敬父母、遵守公德、严于律己。

(2) 中小学生日常行为规范训练的要求包括：既要有共性教育，又要针对不同学生的特点，采取不同的训练方法，因人施教。

3. 充分了解学生

了解学生个体思想和心理变化的特点，掌握对他们进行教育的几种主要的方式方法。

(1) 观察学生。观察的形式可分为自然状态下观察和特定条件下观察两种，要根据观察的内容确定观察的形式。班主任对观察到的第一手资料，要随时记录下来，并将有价值的信息分门别类地建立学生情况卡片，定期进行整理分析，从中寻找带有普遍性和规律性的东西，使对学生的教育更具有针对性。

(2) 与学生谈话。谈话的形式可分为正式谈话和非正式谈话两种。谈话前要做好充分的准备，掌握谈话的方法；谈话后要对学生进行观察，检验谈话的效果。谈话法还可以与其他教育方法结合使用。

(3) 分析书面材料。书面资料包括学生填写的各种表格、学籍卡片、日记、周记、入团申请书，班主任的操行评定、班级日志、班级荣誉册等。

(4) 调查访问。调查访问的具体形式有个别交谈、座谈会、书信往来、家访、请访问对象来校参加活动、问卷调查等。调查访问力求做到实事求是、全面深入，对所了解到的情况要进行认真、客观的分析和研究，排除人为因素，以便对学生个体或群体作出公正、准确的判断与评价。

4. 对学生进行心理咨询

(1) 了解学生的生理和心理特点以及心理障碍产生的原因。

(2) 掌握心理咨询的主要方法和技术。

(3) 在对学生进行心理咨询的过程中，要与其他教育方法相结合。

针对目前学生存在的思想困惑和心理变化趋势，设计一份调查问卷，进行实地调查，对收集到的信息认真分析，并写出分析报告。

5. 学生操行评定

(1) 操行评定的时间：一般可分为期末评定和毕业鉴定。

(2) 操行评定的要求：期末评定和毕业鉴定力求全面地对学生德、智、体、美、劳几方面的情况作出公正的评价，并提出今后的努力方向，以激励学生发扬优点，克服缺点，争取更大的进步。

(3) 操行评定的方法：一般包括学生自评、互评、小组鉴定、任课老师评定、班主任评定和家长评定等。

在班级中，开展"一句话评语"活动，即学生之间以一句格言或谚语的形式，互相评价、提醒、激励。通过该活动，掌握这种评语的特点，并学会组织这种活动。

6. 偶发事件的处理

(1) 运用青少年教育学、心理学理论知识了解偶发事件的特点。

(2) 掌握处理偶发事件的一般方法。

7. 与任课教师、学生家长的沟通

1) 与任课教师的沟通

(1) 主动向任课教师介绍班级学生的基本状况，向学生介绍任课教师的教学情况。

(2) 定期邀请任课教师座谈，交流学生的听课及学习情况，帮助任课教师解决问题；听取教师对班级工作的意见和建议。

(3) 邀请任课教师参加班级活动，增加师生之间的相互了解和加深感情。

2) 与学生家长的沟通

(1) 家访。明确家访的目的，制订好家访计划，了解家长的个性特点，做好与家长谈话的各项准备工作；考虑可能出现的问题和家访后应做的工作。

(2) 信访。信访即利用信息技术手段，如微信、QQ 平台与家长进行交流。

第一，信访内容的设计。

第二，信访的要求。用词准确诚恳，要体现出对家长的尊重和希望家长配合的态度。

(3) 家长会。

规模：全体学生的家长会和部分学生的家长会。

形式：座谈会、汇报会和家长委员会。

时间：开学初、期中考试后、学期结束前。

家长会的准备工作：确定会议的主题、收集各种资料、预先通知家长、构思发言等。

家长会后的工作：针对学生的表现及时与家长取得联系，激励和表扬学生的进步。

(二)班主任工作的实习要求

1. 提高认识，认真对待

实习班主任，是实习生教育实习的有机组成部分，它是对学生管理能力、组织能力的全面检验，每位实习生都必须认真对待，马虎不得。这也是对师范生运用知识能力的实际检验，要从全面锻炼和提高自身能力上给予高度重视。

2. 遵守实习学校的规章制度，尽快进入班主任角色

实习生在学校的教学实习工作期间，必须切实遵守实习学校的各项规章制度，这是确保工作完成所必需的。实习生要注意用自己的言行影响学生，这是实习生当好班主任的必要条件。

3. 为人师表，以身作则

实习班主任直接与学生交往，要时刻注意自己的言行，要求学生做到的，自己首先必须做到；凡禁止学生做的，自己首先不能做，以自己的言行去影响学生、带动学生。

三、教育调查

教育调查是教育实习的一个重要环节，是运用理论研究现实问题的试金石，能有效培养学生观察与思考问题的能力。实习生通过实习调查可从不同角度对原本司空见惯的现象进行观察与思考，能有新的发现，挖掘深层次的内涵。实习生还可以在调查中发现问题，为毕业论文的选题与写作奠定基础。

(一)教育调查的选题

教育调查报告的撰写要以实际情况为切入点，要注重个人的感受、目前的教育现状和存在的问题，要与本专业的特点相联系，选题和定题要从本课题及专业特点出发。在撰写教育调查报告时，最重要的就是选题要明确、定题范围不要太广、要有经典的案例和数据材料，这些问题或许是上级部门或专家指定的，也有个人提出的，但是大部分问题是靠实习生自己在教育实践、实习中观察、调查而发现的。教育实习有着很强的实践性，有很多现实问题是在一线才能了解到的，它为实习生撰写教育调查报告提供了有利的条件和广泛的素材。此外，要做好全面细致的调查准备工作，主要是要明确调查目的、方式、对象和本专业发展方向，在以上工作的基础上，制定出调查提纲，并按部就班地进行各项统计，由此展开调研工作。

(二)教育调查的材料收集

在教育实习过程中，我们会遇到很多实际问题，这些问题都是最好的第一手材料；对于工作中产生的各种体会和心得要及时记录，哪怕是零星的只言片语，都是教育材料的创作源泉，记录这些闪光点滴对于撰写调查报告有很大的作用。掌握这些充足的材料和发现问题的症结，等于有了一块敲门砖。既要搜寻正面的看法，也要搜集反面的资料；既要获取与自己的观点相一致的意见，也要收集相反的意见；既要了解第一手材料，也要了解间接的材料；既要了解事物的现状，也要调查事物的历史状况。

(三)教育调查的方法

1. 调查法

调查工作是一项很细致的工作，实习生在教育实习过程中撰写教育调查报告要在教育理论的指导下进行，通过问卷、列表、访谈、分析和测验等科学方式，对教育问题的现状作出科学的分析，并提出完整的建议。其研究对象是当前基础教育现状和存在的问题，通常采用访谈、提问等方式间接地获得材料，不受现场条件及时间的限制。

调查研究法包括以下几个主要步骤：着手前期准备工作，确定调查课题，选取调查对象，草拟调查提纲、调查项目；收集调查资料，包括书面资料和调查对象的口述资料；整理调查资料，叙述性材料应该用流畅的文字整理，数据性材料应该用统计法整理；撰写调查报告，探寻问题的优势以及局限的原因，得出结论并提出改进意见。

2. 观察法

观察法要求有一定的耐心，必须在自然状态下进行观察、研究、分析，是观察者有目的、有计划、有步骤地观察分析研究对象的方法。在实施过程中，要注意以下几个方面的问题：一是按制订的计划有目的、有重点地加以选择，系统地记录和观察；二是研究对象始终处于自然状态中，不受人为的干扰；三是研究者必须身临其境，获得直接的材料。其步骤依次为观察分析、记录分析、材料整理和对比分析。

3. 实验法

实验法是研究者按照研究目的和理论设想，合理地控制或创设一定条件，以影响或改变研究对象，从而验证假设、探讨教育现象因果关系的一种研究方法。其主要目的在于查明研究现象发生的原因或检验某一理论或假说的实际效果。

除了以上所列举的研究方法外，经验总结法、比较研究法、教育统计法和教育测量法等都是教育调查报告的常用研究方法。在教育实习过程中，实习生应根据研究的目的、任务和实际需要以及研究方法本身的特点，进行合理的选择或综合，以达到最佳的研究分析成果，将教育调查报告的内容撰写得更翔实、更完善。

四、人际交往

师范生离开大学校园，走进中小学，所接触的是一个真实的社会环境，应具备人际交往的能力，努力建立良好的人际关系，为自己顺利进行工作和愉快生活奠定基础。

(一)赢得实习学校的信赖和帮助

(1) 严于律己，立德为本。一般来说，人们对陌生人总是给予过多的关注，从实习生走进实习学校的那一刻起，实习生在言谈、穿戴、举止、外观等方面的表现，就成为实习学校师生视线的焦点了。因此，实习生要努力符合实习学校的标准和要求，以取得实习学校师生的信任。实习生要牢记，人们可以谅解你在课堂教学中的某些失误，因为你是教学上的新手，但是，如果你在教师道德规范上出现半点闪失，就不会得到宽恕，因为你是一名教师，"教师无小节"。

(2) 文明礼貌，助人为乐。实习生要尊重实习学校的领导和教职员工，见面时要热情主动地问候；在办公室要勤快，打水、扫地"跑"在前面；为指导教师让座；如果别人有困难，要尽可能地提供帮助；等等。

(3) 反映问题，依靠组织。如果实习生对实习学校有建议和要求时，一定要通过院校带队教师向校方提出，有时可以由实习小组长代为表达，一定不要自行找校方直陈，这样有利于与实习学校保持良好的关系。

(4) 虚心学习，取长补短。实习生一要服从师范院校带队教师的领导，主动帮助指导教师开展工作；二要尊重实习学校的指导教师，主动、虚心地向"师傅"学习，学习他们的敬业精神和教学经验，以提高自己，不要自以为是、我行我素。教案写好后，按时送给实习指导教师审阅，认真接受修改意见。每上完一节课，要主动征求他们的意见，恳请他们给予指导。要努力完成实习学校指导教师交给的任务。组织班级活动，一定要征求原班主任的意见和建议。

(5) 兢兢业业，恪尽职守。指导实习生并不轻松，监督、指导、管理实习生比自己亲自工作还困难。因此，许多指导教师担心，实习生如果上不好课，管不好班，会使其学生学习下降，成绩退步或停滞，或班级纪律涣散。而实习结束后，这些老师不得不花大力气救失补缺，恢复班级元气。为了避免这种情况发生，实习生应不遗余力地努力工作，严格履行教师的职责，赢得指导老师和实习学校领导的信任。

(6) 尊重隐私，谨言慎行。可以说，实习生与实习学校指导教师既是学生与教师的关系，也是新老教师的关系。不论实习学校指导教师资历深浅、学历高低，都要以礼相待、以诚相见。实习生不要问及对方的学历、工龄、待遇、家庭等问题，要注意学习他们的优点，对有损其形象的话和事不说也不做。如有疑问，切忌轻易否定，更不能在学生面前妄加评论。应该注意维护他们的威信，树立他们在学生中的良好形象。当实习生取得某些成绩、受到赞扬时，应想到实习学校为自己提供的实习机会，并感谢指导教师指导有方。

并不是任何学校都有条件接受实习生的，因此，实习生要感谢并珍惜实习学校提供的实习机会，以自己的实际行动赢得对方的信任，在展示个人能力的同时为母校增光，也为自己创造良好的就业环境。

(二)把握与中、小学生之间的交往距离

有实习生试图和中、小学生打成一片，如同朋友一样，可是却发现学生"不怕"你了；但如果太严厉，学生则会惧怕、疏远你。那么如何把握与学生之间的交往距离呢？

(1) 认识实习教师与中、小学生的关系。实习教师与实习学校的中、小学生的关系是师生关系，不要因为相逢短暂而放松教育教学，要以教师的标准严格要求自己，恪守师德；也不要与中、小学生过于亲密而忽视师生关系，比如称兄道弟讲义气、放弃原则。

(2) 认识宽容理解与严格要求的关系。宽与严是辩证统一的关系。宽是指教师要有包容之心，看到学生是成长中的人，他们因不成熟而容易犯错误，不能对他们求全责备，要以高度的责任感和足够的耐心引领学生走上正途。严是指教师必须坚持原则并一以贯之，坚持正面教育，对学生的错误不迁就姑息。否则，就如某些家长溺爱子女那样，最终会害了学生。古人云："人而不仁，君子当教养之。不尽教养，而惟疾之甚，必至于乱。"可

见，宽与严是爱的统一体。

下面是一些教师的工作体会，可提供给实习教师参考。

做让学生敬畏的老师。首先，要以天下父母的爱心关爱学生；以大姐姐、大哥哥的姿态呵护学生；像孩子一样无拘无束地和学生玩耍。当学生有了困难，要伸出援助之手；当学生犯了错误，要毫不客气地告知他错在哪里和正确的行为；当必须执行某项规定时，要让他明白其中的道理，使其理解或合作。

学生"怕"老师什么？教师要有以身作则的言行举止、一丝不苟的工作态度，要有"言必信，行必果"的执着精神(要让学生知道，他的懒惰或违纪行为逃不过教师的眼睛)。如果教师靠冷酷的面孔、苛责的语言、霸道的行为树立威信，只能适得其反。

请记住：无论你的表情怎样变化，无论你的语言是温柔还是严厉，当学生感受到教师那颗真诚的心时，当学生把你当作自己的知己时，即使有时他们不服气，甚至让你生气，他们也能够理解你、接受你。

(三)处理好实习伙伴之间的关系

中国有句老话：在家靠父母，出门靠朋友。实习支教是来自不同院系和不同地区的学生，为了一个共同的目标走到一起，组成了新的集体。在这个集体里，同学们要彼此熟悉，一起生活、一起学习、一起工作，开始一段难忘的生活。这个集体虽然不大，却是实习生们相互支持、彼此帮助的温馨家园。

有的实习生很依恋原来的宿舍或班级，在组建实习小组的时候对未来的实习支教生活心里没底，产生畏惧心理，往往会向老师提出要求，希望和自己熟悉的人分在一起。其实，这是没有必要的，不同专业的学生会集到一起，可以优势互补，有利于开阔思维，结交朋友，丰富人生经验，促进工作开展。例如，班上有个一上课就头疼的后进生，但他很喜欢画画。于是，来自文学院的实习班主任便邀请美术专业的实习生一起商量教育方案，他们一个将文学与艺术结合起来，一个结合自己的经历现身说法，逐渐使这位学生认识到文化课学习与美术素养之间的关系，上课再也不睡觉了。这个例子还启发我们，教育是系统工程，需要教师之间的通力合作，优化教育内容和教育方法。实习生即将走上社会，学会与人交往、与人合作非常重要，而实习支教正是一次宝贵的锻炼机会。

实习生离开母校实习，面临陌生的生活环境，许多问题需要自己动手解决，而集体就是每个人依靠的力量。因此，实习生们要在生活上互相关心，工作上互相帮助，学习上取长补短，出现问题协商解决，就像兄弟姐妹那样友好相处，齐心协力完成任务。

(四)注意仪容仪表

仪容仪表是指人的外表，包括容貌、服饰、风度举止等方面。

1. 注重内涵

说到外表，人们会想到人的容貌和身材。固然，拥有好的容貌和身材可以博得学生的好感，但这并不是当教师的绝对条件。《论语》中记载，孔子的弟子中有个叫澹的人，字子羽，因相貌丑陋，未被孔子看中。后来，澹到江南发展，有弟子三百人，其品德修养深受世人好评。孔子得知颇为感慨地说："以貌取人，失之子羽。"所以，柏拉图说："应该学会把心灵的美看得比形体的美更珍贵。"因此，实习生首先要关注自己的品德修养。

2. 整洁卫生

头发要梳理整齐，衬衣要干净，长裤要整洁，不要皱巴巴的；指甲要修理干净，不要在指甲缝里藏有污垢；皮鞋要擦亮，鞋带要系紧，袜子以深色为宜。马卡连柯说过："从口袋里掏出揉皱了的脏手帕的教师，已经失去当教师的资格了。"与人谈话不要有葱、蒜、韭菜等辛辣食物的味道，不要在牙缝中夹带食物残渣。另外，不要嚼着口香糖与人谈话，否则会给人留下漫不经心的印象。

3. 着装得体

着装代表一个人的精神面貌，折射出一个人的风采，着装得体与否常常关系到一个人的成败。世界上公认的 TPO 着装原则是：时间(Time)、地点(Place)、目的(Object)。首先，教师属于知识阶层，着装要求稳重、大方、整洁；其次，教师的工作对象是学生，着装也要显示出教师良好的知识素养和严谨的生活态度。所以，教师的着装应整洁得体、朴素无华、自然大方。实习生要注意以下几点。

(1) 如果衣冠不整、不修边幅、衣着稀奇古怪，会让人将你与玩世不恭、生活懒散、工作马虎、不负责任等联系起来。露脐装、露背装、无袖的衣裙、低腰的裤子等，过于随意或性感，容易分散学生注意力，不宜在上课时穿着。

(2) 如果穿着花里胡哨、形式奇特的服装，也不会得到学生的信赖和实习学校领导教师的认同。还有，上课不能穿拖鞋。建议男性选择深色的西服、夹克衫，长、短袖衬衫、T恤等，尽量表现精明、干练、潇洒的一面。女教师的装束则要朴实庄重，款式简单，首选套装，以显女教师的典雅和端庄。

(3) 使自己的着装与自己的体型、肤色、年龄、性别相适应，与所在的地区相适应，比如注意农村与城市的区别，经济发达地区与落后地区的差异，与当地群众的生活水平、文化传统和风俗习惯相适应。那些超前的、过时的、带有另类特色的服装都可能影响正常的教学工作。

(4) 使自己的着装与讲课的内容协调一致，有利于营造和谐的学习情境。

我们给实习生的建议是：在注意上述问题的基础上，可以选择样式比较新颖、色调明快、活泼热情、朝气蓬勃、有时代气息的服装。

4. 修饰有度

自然得体的饰物可以增添教师的个人魅力，但一定要修饰有度，忌珠光宝气，忌浓妆艳抹，忌花枝招展。因为一个刻意雕琢自己的教师会分散学生的注意力，也难以把自己的精力全部投入到教育教学工作中。

5. 举止得体

举止风度是一个人的总体形象和气质。教师的举止应当端庄、适度。待人接物要自信、自重、尊敬他人，与人交谈要平易近人、自然大方、谦虚谨慎。还要善于倾听，让学生把话讲完，学会控制自己的感情。

马卡连柯曾说："高等师范学校应当用其他方法来培养我们的教师。如怎样站、怎样坐、怎样从桌子旁边的椅子上站起来、怎样提高声调、怎样笑和怎样看等，这一切，对于教师来说都是必要的，如果没有这些技巧，那就不能成为一名好教师。"

(五)注意使用合适的称呼

实习生要以职务或职业称呼实习学校的领导和老师，如"某书记""某校长""某主任""某老师"等、称学校的勤杂人员为"某师傅"，使用代称时，尽量使用"您"字，特别是对年长者、位尊者。

实习生之间要以"老师"相称。以往，大学生们在集体宿舍居住，彼此多以年龄排行称呼，如老大、老二等，或者叫绰号"包子""小迷糊"等。但是，在实习学校，实习生是一名准教师，要按照教师的标准严格要求自己，即实习生之间以"某老师"称呼，尤其是在学生面前。这合乎学校的工作环境要求，有利于实习生在学生中树立威信，也有利于文明礼貌习惯的养成。

实习教师称呼中、小学生也有讲究。首先，不说有损学生形象的绰号；其次，讲究称谓的场合，如课后见面、聊天可以称呼名字，这样显得亲切，但在严肃问题上要称呼其学名(姓名)，以示严肃。还有，对班上的同学称呼要亲近。有位学生在日记中写道："我知道哪些老师是爱我们的，哪些老师是不爱我们的。爱我们的老师上课的时候说'我们'，不爱我们的老师上课时说'你们'；爱我们的老师说'我们一起努力'，不爱我们的老师说'你们怎么这么笨'……"可见，称呼也大有学问呢！

【锦囊妙计】 特级教师于永正给新老师的二十条建议[①]

本文是著名特级教师于永正和初为人师的女儿的谈话要点，凝聚了于老师长期以来的教育教学心得，让我们带着于老师的嘱托走进实习学校。

(1) 老师要在上课铃声未落之前到达教室门口。

铃声落了，教室里多数人如果对你视而不见，依然我行我素、乱哄哄的(低年级小朋友尤甚)，你不要发脾气，而是要静静地观察每个人，目光不要严厉，但要犀利、灵活、有神。一般情况下，片刻之后，多数学生会安静下来。此时，你一定要及时给同学们一个满意的表情，表扬表现好的人，表扬要具体，指出哪一排、哪一组的同学安静，哪些学生坐

[①] 于永正. 给初为人师的女儿20条贴心建议[M]. 北京：教育科学出版社，2014.

得端正。

如果还有人在说话，甚至打闹，则用一种期待的或者严厉的目光"盯"住他。无效，则点明某一排某一组某一人仍在做影响大家上课的事，因为你不可能知道他们的名字。再无效，则迅速地走到他们跟前，请他们站起来，严肃但措辞文明地告诉他，之所以请他们站起来，是因为他们无视课堂纪律，影响了他人学习。

必要时，则请他们把名字写在黑板上，然后说一句："噢，我知道了，你叫李勇，你叫王强。"(心中一定要记住他们的名字)不要指责，更不能挖苦，特别是高年级的孩子，他们会知道老师这样做、这样说的意思。这叫给他们个"下马威"，也叫"杀鸡给猴看"——这样说有些不好听，我表达的只是我们的目的。这一招儿肯定有效。

千万不要不管班级里怎么乱七八糟，就傻乎乎地走进教室。否则，你很难把课上下去。有些小朋友不是比想象得可爱。儿童的天性是好动、好说、好问，有人一刻也坐不住。低年级的儿童不懂什么叫"权威"，什么叫"尊重"。所以，一定要给他们立规矩，是规矩就要和学生约法三章——上课应该怎样做；不能怎样做；违反了，老师要怎样处分等。

(2) 一旦进入课堂，就要像京剧演员一样，精气神十足。走进课堂，要把90%的注意力放在学生身上，10%的注意力放在教学方案的实施上。

要善于用眼睛表达你的满意、生气和愤怒，尽量不要吼叫。训斥只可偶尔为之。

目光要经常瞥向那些好动、好说的学生。可以请他们做点事——比如读书、读单词、表演、到黑板上默字等，这叫"以动治动"。

最需要的是不断地鼓励、表扬、提醒学生。但话要简洁明了，切忌婆婆妈妈式的唠叨。这样的表扬会更有效。

"第二组同学坐得最端正。"——如果班级里某一角落出现"骚动"。

"李勇的眼睛一直看着老师。"——如果李勇的同桌走神了，或者在做小动作。

"小强同学善于思考。"——如果小强的同桌读书心不在焉。

要把问题消灭在"萌芽"状态。必要时，把个别学生的座位调动一下。"请小勇和李丽对调一下座位。"最好把个别自觉性差的学生调到离老师近的位置。

对此类问题，处理要果断，快刀斩乱麻，不必说为什么。

最迫不得已的手段是惩罚——如罚他停课。但最好不要在上课时请他到办公室去，那样做，容易闹僵；碍于面子，他硬是不去，你会很尴尬。最好当众这样说："孙浩同学，下节课你必须到办公室去，因为你太影响大家了，这是老师迫不得已作出的决定。"课间休息时，把他请到办公室去。

惩罚尽量少用。切记，千万不要体罚。宁肯让教育失败一次，也不要因体罚而造成更大的失败，这种失败是无可挽回的。

(3) 要尽快地记住每位学生的名字——首先记住表现好的和表现差的学生的名字。直呼其名的表扬胜于不指名道姓地批评、提醒，有时效果会更好。

把所授班级的学生座次表写出来，上课时放在讲桌上，这样做，有助于记住学生名字，尽快地了解每位学生及其家庭的情况。

(4) 要注意教学形式、手段的变化。低年级学生的注意力是很短暂的。

如果第一个词是老师领读,第二个词也是,那么第三个就要请优秀的学生当一次老师了。

第一遍读课文是齐读,第二、第三遍最好自由读,或者同桌之间互相读。

读书、读词不要让学生扯着嗓子读(低年级易犯这个毛病)。如果要求全班学生读单词,能不能声音由低到高,再由高到低?那一定是很有趣、很有意境的。

板书"大"和"小",故意把"大"写得大大的,把"小"写得小小的;板书课题《骆驼和羊》,故意把前者写大,后者写小;板书课题《鲸》,则特意把这个字写得斗大,如此,学生一定发出会心的微笑。这也是变化。

第一次分角色朗读,全由学生参与,第二次你如果参与进去,学生一定会读得更有精神。

这个词让学生联系上下文理解,那个词让学生以动作表示;这个词请学生用它说句话——在应用中理解,那个词则请他们查下词典。

讲翠鸟、燕子的外形画简笔画;讲鲸,则让学生看图片。

学习《劈山救母》让学生讲故事,学习《桂林山水》,则让他们看桂林山水的课件,并背诵……

这都叫"变化"。没有变化,学生会生厌;没有变化,也就没有教学艺术。

(5) 要细心观察学生,全面了解学生,倾听学生的谈话。如果你在适当的时机和场合,不经意地说出某一位学生做的一件值得称道的事或值得称道的一种表现,他不仅会感到吃惊,而且受到的鼓舞也会特别大。

表扬要有实指性,切忌空泛。"你做作业总是那么细心,很少有错误。""你回答问题不但对,而且口齿清楚。"——这样说就具体了。

恰当地使用肢体语言,可以让学生感到你的真诚和亲昵,拉近师生的距离,如抚肩、握手等。

(6) 教低年级,可把全班分为几个组(如四个组)。上课时,不论哪个同学在哪些方面表现好,都在他所在的组上画一面红旗或一个苹果;有人表现不好则擦掉一面红旗或一个苹果。下课时,表扬一下表现特别好的组。

这个办法对维持课堂纪律很有效。

(7) 不要追求课堂教学的热闹。要让学生学会思考,潜心体会文本。告诉学生老师提出一个问题,必须经过思考方能举手。老师的问题要有一定的深度、难度,要有价值。可以直截了当地告诉学生:"我不喜欢问题一提出来就举手的人,喜欢想一想,想好了再说的人。"

可不要把孩子教浮躁了。宁静以致远:宁静是心无杂念、专心思考、刻苦钻研的意思。

有的学生很优秀,也喜欢举手,你可以这样对他说:"我知道你很优秀,当别人说不出、读不好、写不好时,再请你出马,怎么样?"不能让少数学生"独占课堂"。

(8) 课间尽可能多和学生一起玩。如果和他们一起做游戏,要遵守"游戏规则"。倘若你犯规,同样要接受相应的处罚。这样,学生就会真真切切地感到你是他们中的一员,你和他们一样。

老师要和学生相似,不应该也不可能要求学生和老师相似。

(9) 上好第一节课。精心备课,把握准教材,把教材装在心里。准备好教具,组织好教学。一旦学生安静下来,要尽可能地展示自己的特长和才能。如果——

开头的一段话热情洋溢;

板书的第一个字让学生为之赞叹;

第一次朗读让学生为之感动,用丰富的表情和机灵的眼神吸引住学生;

得体的幽默让孩子笑起来;

充满爱意的一次抚摸让学生感到亲切;

教学方法的变化让学生感到有趣,使他们注意力集中。

那么,你就成功了。

如果这样,而且今后也不懈怠,我敢说,你绝对成功了。

以上说的几个方面能做到一半,也会成功。哪一方面不成功,就努力去修炼。

(10) 肚子里要有几个故事和笑话,找机会讲给学生听。老师讲的故事,学生会终生不忘的。忘不了故事,就忘不了你这位老师。讲故事特别能让调皮的学生亲近你。当好动的学生拉着你讲故事时,你不要趁机给他提要求,更不要批评他,否则他会难堪。你可以这样说:"没想到你喜欢听我讲的故事!以后肯定有机会。"要利用这个机会和他们进行交流。

(11) 我还是担心你驾驭不了课堂——组织不好课堂教学。

必须这样对影响大家学习的学生说:"这个班不是只有你一个人,而是几十个人。你做任何一件事都得事先考虑会不会影响大家。利己,但不能损人。损人利己是大家不能接受的。"对低年级小朋友可以把话说浅显一些:"你一说话,就会影响别人听讲、做作业,所以请你不要随便讲话。"

课堂上,教低年级的老师说得最多的话是组织教学的话。"苦口婆心"这个成语,是教低年级老师的真实写照。

(12) 要经常读。注意,我说的是经常读关于教育学、心理学以及教学论等方面的著作,要养成翻阅各种教育杂志的习惯。读书要和自己的实际联系起来,要把知识运用到工作中去。建议你做读书笔记,把名言名句记下来。

(13) 如果你犯了错误——比如问题处理不当、说话欠妥,甚至体罚了学生(我担心你会忍耐不住),一定要当着全班学生的面认错,向学生道歉。

老师向学生认错、道歉,错误就成了一种教育资源。

(14) 讲到重点部分或者关键问题的时候,一定要组织教学,给注意力不集中的人提个醒儿。否则,"学困生"的队伍不断扩大将是不可避免的。

(15) 品学兼优的学生谁都喜欢，但切不可让学生看出老师的偏爱。偏爱是当老师的大忌之一。你和孩子们相处时间长了，会发现每个孩子都有可爱的地方。更应当关心那些"学困生"。要学会赏识孩子。让学生感到你赏识他的办法很简单——主动地和他们说说话；夸夸他们的某一长处；拍拍他们的肩；和他们一起玩，如掰手腕；请他们替老师做点事，如收作业本等。如果掰手腕时你让着学生点，而且让学生赢一次，他一定会兴高采烈，念念不忘："哇！我战胜老师了。"

(16) 最好当班主任。当班主任，才能真正感受到当老师的甘苦，才能锻炼自己。

如果当了班主任，别忘了搞活动。想一想，你童年时代最喜欢什么活动，那时你希望老师搞什么活动。搞活动最明显的作用是能增强同学之间的团结和班集体的凝聚力。

(17) 对学生要严格要求，但不要太厉害。清朝的冯班说："师太严，弟子多不令。柔弱者必愚，强者怼而严，鞭扑叱咄之下，是人不生好念也。"意思是说，老师如果太厉害了，懦弱的孩子会被教愚笨，个性强的孩子变得暴戾。什么事过了头，都会走向反面。要像孔子说的那样，做到"温而厉，威而不猛，恭而安"。

如果你今天狠批了张三一顿，明天一定要找个理由表扬他。至少要主动和他说话，好像昨天什么事也没发生。

(18) 还有一点要说一下，即对所有学生家长都要以礼相待。不要在家长面前指责学生。对任何学生都要首先肯定他的长处，把优点放大，也要让"学困生"的家长树立信心。"罗森塔尔效应"同样适用于学生家长。

尽量不要请家长到学校里来，而应该主动到学生家去。老师踏进学生家门，而且心平气和、推心置腹地和家长交谈，学生和家长该是一种什么感觉、一种什么心情？在这种情况下，我想，无论谈什么，学生和家长都会接受的。

(19) 记得京剧艺术大师梅兰芳说过这样一句话："不看别人的戏，就演不好自己的戏。"演戏如此，教学也如此。我实习的时候，就是先听别的老师上课。至今还记得徐师附小李孝珍老师上课的情景。看优秀老师的课，就是读活的教育学、活的教学法，这与读书的感受是大不相同的。你走向讲台前以及走向讲台后务必抽时间听听别人的课。我要不是听了李孝珍、斯霞、王兰、左友仁、李吉林等众多优秀老师的课，恐怕是不会把课上好的。也可以这样说："不听别人的课，就上不好自己的课。"

以上说的，都是初为人师时所要特别注意的。

你今后若有志于当老师，请你记住古人的这句话："学高为师，身正为范。"

虽然此话只有八个字，但它把怎样当一个好老师讲全了。若干年后，当你把这句话读"厚"了，读成一本书了，你就是位很优秀的老师了。

我相信你会成为一位十分优秀的老师。

学习建议：
在实习支教过程中，实践与理论相融合，用理论指导实践，在实践中掌握理论。

第四章 记录实习支教

实习支教过程中，实习生要认真填写以下表格，如实记录过程材料。

一、实习指导教师基本信息

实习支教采取双导师制和点对点指导。高校校内教师带队下校，根据实习学生所学专业方向，选聘相同或者相近学科教师进行点对点指导。在实习过程中，学生主要在双导师的指导下开展教学实习、班级指导、综合育人和教育研习等工作。

实习学校必须为实习生配备指导教师，要求选择师德优良、专业水平过硬的教师作为学科教学和班主任实习指导教师，与高校带队教师共同指导实习生的过程指导和材料填写。

为了掌握和保证指导教师的基本情况，要求实习生将实习学校的指导教师，包括学科教学指导教师、班主任指导教师及高校指导教师等信息如实填写。(见附表 4-1 实习指导教师基本信息)

二、实习支教计划

实习支教计划是依据实习支教的目标与任务，按照实习生能力发展的规律制定的时间路线图。学校总的实习支教计划是针对所有实习生的，需要大家共同遵照执行。为保证实习支教任务顺利完成，实习生要针对自身专业上的优缺点，按照本专业《教育实习大纲》《实习支教计划》及实习学校的《实习支教学生培养方案》的要求，与指导教师协商，制订周详的、符合个人发展的实习支教计划。(见附表 4-2 实习支教计划)

三、实习周志

实习周志是实习生在实习支教过程中总结经验教训、反思教学行为、加强过程指导的途径。实习生每周需对实习支教工作进行回顾、小结，并与指导教师进行交流，肯定工作成绩，指出存在的问题，明确努力方向。(见附表 4-3 实习周志)

附表 4-1：实习指导教师基本信息

教学实习指导教师基本信息

_____学年—_____学年第___学期

姓名		性别		出生年月	
民族		学历/学位		职称/职务	
毕业学校				所学专业	
工作单位				联系电话	

班主任实习指导教师基本信息

_____学年—_____学年第___学期

姓名		性别		出生年月	
民族		学历/学位		职称/职务	
毕业学校				所学专业	
工作单位				联系电话	

高校实习指导教师基本信息

_____学年—_____学年第___学期

姓名		性别		出生年月	
民族		学历/学位		职称/职务	
毕业学校				所学专业	
工作单位				联系电话	

附表 4-2：实习支教计划

实习支教计划

实习学校			实习年级	
任教学科		实习时间	年 月 日—	年 月 日

实习支教工作计划与实施步骤(由实习生与指导教师共同完成)

教学指导教师：　　　　　　　　　　班主任指导教师：

实习学生：

　　　　　　　　　　　　　　　　　　　　　　　　年　月　日

附表 4-3：实习周志

实习周志(1)

实习内容及完成情况：
实习生签字： 年　月　日
指导教师意见及评语：
指导教师签字： 年　月　日

实习周志(2)

实习内容及完成情况：
实习生签字： 年　月　日
指导教师意见及评语：
指导教师签字： 年　月　日

实习周志(3)

实习内容及完成情况:
实习生签字: 　　　　　　　　　　　　　　　　　　　　　　　　年　月　日
指导教师意见及评语:
指导教师签字: 　　　　　　　　　　　　　　　　　　　　　　　　年　月　日

实习周志(4)

实习内容及完成情况:
实习生签字: 　　　　　　　　　　　　　　　　　　　　　　　　年　月　日
指导教师意见及评语:
指导教师签字: 　　　　　　　　　　　　　　　　　　　　　　　　年　月　日

实习周志(5)

实习内容及完成情况：

实习生签字：
年　月　日

指导教师意见及评语：

指导教师签字：
年　月　日

实习周志(6)

实习内容及完成情况：

实习生签字：
年　月　日

指导教师意见及评语：

指导教师签字：
年　月　日

实习周志(7)

实习内容及完成情况：
实习生签字： 　　　　　　　　　　　　　　　　　　　　　　　　　年　月　日
指导教师意见及评语：
指导教师签字： 　　　　　　　　　　　　　　　　　　　　　　　　　年　月　日

实习周志(8)

实习内容及完成情况：
实习生签字： 　　　　　　　　　　　　　　　　　　　　　　　　　年　月　日
指导教师意见及评语：
指导教师签字： 　　　　　　　　　　　　　　　　　　　　　　　　　年　月　日

实习周志(9)

实习内容及完成情况：
实习生签字：   年　月　日
指导教师意见及评语：
指导教师签字：   年　月　日

实习周志(10)

实习内容及完成情况：
实习生签字：   年　月　日
指导教师意见及评语：
指导教师签字：   年　月　日

实习周志(11)

实习内容及完成情况：
实习生签字： 年 月 日
指导教师意见及评语：
指导教师签字： 年 月 日

实习周志(12)

实习内容及完成情况：
实习生签字： 年 月 日
指导教师意见及评语：
指导教师签字： 年 月 日

实习周志(13)

实习内容及完成情况:

实习生签字:

年　月　日

指导教师意见及评语:

指导教师签字:

年　月　日

实习周志(14)

实习内容及完成情况:

实习生签字:

年　月　日

指导教师意见及评语:

指导教师签字:

年　月　日

实习周志(15)

实习内容及完成情况：

实习生签字：

年　月　日

指导教师意见及评语：

指导教师签字：

年　月　日

实习周志(16)

实习内容及完成情况：

实习生签字：

年　月　日

指导教师意见及评语：

指导教师签字：

年　月　日

实习周志(17)

实习内容及完成情况：

实习生签字：

年　月　日

指导教师意见及评语：

指导教师签字：

年　月　日

实习周志(18)

实习内容及完成情况：

实习生签字：

年　月　日

指导教师意见及评语：

指导教师签字：

年　月　日

四、教学工作计划

教学工作计划是实习生根据实习学校教学要求、课程标准和教科书的要求，结合实习支教的教学工作任务按照教学规律，结合教学实际，制定的教学工作目标及完成目标的具体措施的方案。教学工作计划是实习生教学工作有序进行、顺利完成实习支教教学任务、实现实习支教目标的重要保证。

(一)教学工作计划的内容

学期教学工作计划的构成大致分为以下几个方面。

(1) 本学期本学科教学的总目标和总要求。

(2) 对学生情况的简要分析。

(3) 对本学期教材内容的简要分析、本学期教学的重点和难点。

(4) 提高本学期课堂教学质量的主要措施。

(5) 教学课题的课时分配及进度。

(二)教学工作计划的要求

(1) 教材分析要符合大纲的要求，要做到概括性强、条理清楚、知识点全面。

(2) 在教学目的要求方面：要强调教学的结构，强调通过教学使学生达到的标准，目的要切实可行，要做到"突出纲目，启智导学"。教学计划要简明扼要，对应传授哪些知识、技能，培养什么能力，解决哪些问题、主要步骤等，要清楚地列出纲目，不要长篇大论，连篇累牍。

(3) 在教学的重点和难点方面：重点、难点要分开。可依据课程标准、学情和教学内容制定教学的重点和难点。在教学中，教学难点具有一定的相对性，因此要依据对学生的了解确定不同水平学生的学习难点。

(4) 在教学措施方面：教学措施建立在教师对课程标准、教科书和学生"三熟"的基础上，教学措施要体现教师对课程标准、教材的准确把握和对学生情况的深入分析，既要"依标扣本"，又要"有所创新"。应注意巧妙、新颖、精要的"三结合"。教书育人和培养学生的核心素养是教学的出发点和最终归宿。

(5) 在课时和进度方面：一般应根据课程标准的规定进行安排，但也要结合专业、教学安排(总课时数)的实际，科学地安排好课时和进度表。

(三)学期教学计划的内容

1. 指导思想(应坚持或遵循的教育教学理念)

指导思想是指一个管理组织在一定时期内，为实现一定目标，管理活动发展的指导方针或管理活动中所必须把握的基本原则。教学计划的指导思想，要把上级的指示精神、新的教学理念与本单位的实际相结合，做到上级精神与本校实际工作相统一。如"以全国教育工作会议精神为指针，以《中国教育改革和发展纲要》为依据，全面贯彻教育方针，严格执行新课时计划和课程标准。抓好师资队伍建设，完善目标管理，依法治教，减轻学生课业负担，强化生态教育，促进学生全面发展，实现素质教育目标"。上述指导思想既把上级文件精神与学校教学工作统一起来，又体现了学校的办学思想以及对师生的要求和要达到的标准。制订计划确定指导思想必须要善于审时度势，把握现实特点，才能使学校教学工作跟上时代步伐。例如：要面向全体学生，关注每个学生的情感，激发他们的学习兴趣，帮助他们建立学习的成就感和自信心，使他们在学习过程中发展综合运用能力，提高人文素养、增强实践能力、培养创新精神；突出学生主体、尊重个体差异，让学生在老师的指导下构建知识体系，提高专业技能、磨练意志、活跃思维、展现个性、发展心智和拓宽视野；注重过程评价，促进学生发展，建立能激励学生学习兴趣和自主学习能力发展的评价体系；让学生在学习的过程中体会到轻松和成功的快乐等。

2．教材分析

(1) 教材的版本。

(2) 教材内容的整体分析。

(3) 学期教学的重点和难点。

(4) 教材编排的主要特点。

3．学情分析

(1) 班级学生的基本状态(学生人数、男女生人数、学生来源及家庭基本状态)。

(2) 学生原有基础分析。

(3) 学生能力的发展可能性分析等。

4．教学目标及要求

落实党的教育方针，依据基础(义务)教育培养目标，凝练课程所要培养的核心素养，体现课程独特育人价值和共通性育人要求，形成清晰、有序、可评的课程目标。

基于核心素养的教学目标依据各学科课程标准制定。

5．提高本学期教学质量的主要措施

(1) 教学资源分析。除开教材资源以外的，与本期教学有关的实际资源，如实习实验设施设备、现代化的教育教学手段、家庭资源、图书室资源、网络资源等。

(2) 教学方法分析。

(3) 教师自修安排。

(4) 实践活动安排等。

6．教学进度安排

教学进度安排一般包括周次、起止时间、单元、课时、教学内容、教学目标及要求、教学重点及难点、教具等，通常采取表格的形式去呈现。(见附表 4-4 教学工作计划)

附表 4-4：教学工作计划

教学工作计划

姓名		学科		班级	
指导思想					
教材分析					
学情分析					
教学目标					
教学重点					
教学措施					

续表

周次	起止时间	单元	课时	教学内容	教学目标(目的)及要求	教学重点	教学难点	教具

续表

周次	起止时间	单元	课时	教学内容	教学目标(目的)及要求	教学重点	教学难点	教具

五、听课记录

对于实习生来说，听课的主要目的是向老师学习课堂教学实施的方法和技能。听课是提升实习生专业能力的一个重要途径。听课记录主要包括两个方面：一是教学实录；二是教学分析。

(一)教学实录

(1) 基本情况：听课时间、学科、班级、授课教师和课题。
(2) 教学过程：包括教学环节和教学内容，以及教学时采用的方法(多以记板书为主)。
(3) 时间分配：各个教学环节的时间安排。
(4) 学生活动情况。
(5) 教学效果。

教学实录通常有以下几种形式：一是简录，简要记录教学步骤、方法、板书等；二是详录，比较详细地把教学步骤记录下来；三是实录。

(二)教学分析

听课者对本科教学的优缺点进行初步的分析，并针对问题提出建议。包括以下几个方面。
(1) 教材处理和教学思路、目标。
(2) 教学重点、难点、关键。
(3) 课堂结构设计。
(4) 教学方法的选择。
(5) 教学手段的应用。
(6) 教学基本功。
(7) 教学思想及效果等。

写教学分析时可以采取以下两种方式：一是问评，也就是同步分析，它是把师生双边活动后所产生的反馈感应随时记录下来；二是总评，就是把问评分析后所形成的意见和建议记在记录本上，待课后与授课教师交流。实习生存在一个很普遍的现象：在做听课记录时偏重课堂实录，而不重视分析，更有甚者只是记录执教者的板书，别无他物。显然这种听课价值是不大的，好的听课记录应该是实录与点评兼顾，而做好课堂分析比课堂实录更重要。

课堂听课分析以定性描述为主，从教学目标、教学方法、教学手段、教学结构、学生参与情况和学生学习效果等方面阐述这节课的得失，既要有观点也要有依据，一般无须面面俱到，只选择比较有意义的、典型的方面作出点评即可。评价还要从简易性的角度，提出可供选择的方法。

当然，实习支教学生做好听课记录的主要任务是学习和反思，应及时与授课教师交流。(见附表 4-5 听课记录)

附表 4-5：听课记录

听课记录(1)

_____年_____月_____日　　　　　　　　星期_____第_____节

学校		班级		授课教师	
学科		课题			

教学实录	同步分析

听课反思	
指导教师审阅评价	

　　　　　　　　　　　　　　签字：　　　　　　　　年　月　日

听课记录(2)

_____年_____月_____日　　　　　　　　　　　星期_____ 第_____节

学校		班级		授课教师	
学科		课题			

教学实录	同步分析

听课反思	
指导教师审阅评价	签字：　　　　　　　　　年　月　日

听课记录(3)

_____年____月____日　　　　　　　　　　星期____ 第____节

学校		班级		授课教师	
学科		课题			

教学实录	同步分析

听课反思	
指导教师审阅评价	签字：　　　　　　　　　年　月　日

听课记录(4)

_____年____月____日　　　　　　　　　　星期____ 第____节

学校		班级		授课教师	
学科		课题			

教学实录	同步分析

听课反思	

指导教师审阅评价	签字：　　　　　　　　年　月　日

听课记录(5)

_____年____月____日　　　　　　　　　星期____ 第____节

学校		班级		授课教师	
学科		课题			

教学实录	同步分析

听课反思	

指导教师审阅评价	

签字：　　　　　　　　　年　月　日

听课记录(6)

_____年____月____日　　　　　　　　　　星期____　第____节

学校		班级		授课教师	
学科		课题			

教学实录	同步分析

听课反思	
指导教师 审阅评价	 签字：　　　　　　　　　　年　月　日

听课记录(7)

_____年_____月_____日　　　　　　　　　星期____　第____节

学校		班级		授课教师	
学科		课题			

教学实录	同步分析

听课反思	
指导教师审阅评价	签字：　　　　　　　　　年　月　日

听课记录(8)

_____年____月____日　　　　　　　　　星期____ 第____节

学校		班级		授课教师	
学科		课题			

教学实录	同步分析

听课反思	
指导教师审阅评价	签字：　　　　　　　　　　年　月　日

听课记录(9)

_____年____月____日　　　　　　　　　　星期____ 第____节

学校		班级		授课教师	
学科		课题			

教学实录	同步分析

听课反思	

指导教师审阅评价	
	签字：　　　　　年　月　日

听课记录(10)

_____年____月____日　　　　　　　　星期____ 第____节

学校		班级		授课教师	
学科		课题			

教学实录	同步分析

听课反思	
指导教师审阅评价	签字：　　　　　　年　月　日

听课记录(11)

_____年_____月_____日　　　　星期_____ 第_____节

学校		班级		授课教师	
学科		课题			

教学实录	同步分析

听课反思	
指导教师审阅评价	签字：　　　　　　　年　月　日

听课记录(12)

_____年____月____日   星期____ 第____节

学校		班级		授课教师	
学科		课题			

教学实录	同步分析

听课反思	

指导教师审阅评价	签字:　　　　　　年　月　日

听课记录(13)

_____年_____月_____日　　　　　　　　　　星期____　第____节

学校		班级		授课教师	
学科		课题			

教学实录	同步分析

听课反思	
指导教师审阅评价	签字：　　　　　　年　月　日

听课记录(14)

_____年____月____日　　　　　　　　星期____ 第____节

学校		班级		授课教师	
学科		课题			

教学过程	同步分析

听课反思	

指导教师审阅评价	
	签字：　　　　　　　　　年　月　日

听课记录(15)

_____年____月____日　　　　　　　　　星期____ 第____节

学校		班级		授课教师	
学科		课题			

教学过程	同步分析

听课反思	
指导教师审阅评价	

签字：　　　　　　　年　月　日

听课记录(16)

_____年_____月_____日   星期_____ 第_____节

学校		班级		授课教师	
学科		课题			

教学过程	同步分析

听课反思	
指导教师审阅评价	签字: 年 月 日

听课记录(17)

_____年_____月_____日　　　　　　　　　星期____　第____节

学校		班级		授课教师	
学科		课题			

教学过程	同步分析

听课反思	

指导教师审阅评价	
	签字：　　　　　　　　年　月　日

听课记录(18)

_____年____月____日　　　　　　　　　星期____ 第____节

学校		班级		授课教师	
学科		课题			

教学过程	同步分析

听课反思	
指导教师 审阅评价	

签字：　　　　　　　　　年　月　日

听课记录(19)

_____年____月____日　　　　　　　　　　星期____ 第____节

学校		班级		授课教师	
学科		课题			

教学过程	同步分析

听课反思	

指导教师审阅评价	

签字：　　　　　　　　　　　　年　　月　　日

听课记录(20)

_____年____月____日　　　　　　　　　　星期____ 第____节

学校		班级		授课教师	
学科		课题			

教学过程	同步分析

听课反思	
指导教师审阅评价	签字：　　　　　　年　月　日

听课记录(21)

_____年____月____日　　　　　　　　星期____ 第____节

学校		班级		授课教师	
学科		课题			

教学过程	同步分析

听课反思	
指导教师审阅评价	

签字：　　　　　　　　　　　　年　月　日

听课记录(22)

_____年____月____日　　　　　　　　　　星期____ 第____节

学校		班级		授课教师	
学科		课题			

教学过程	同步分析

听课反思	
指导教师 审阅评价	

签字：　　　　　　　　年　　月　　日

听课记录(23)

_____年_____月_____日　　　　　　　　　　星期_____第_____节

学校		班级		授课教师	
学科		课题			

教学过程	同步分析

听课反思	

指导教师审阅评价	签字：　　　　　　　年　月　日

听课记录(24)

_____年____月____日　　　　　　　　　星期____ 第____节

学校		班级		授课教师	
学科		课题			

教学过程	同步分析

听课反思	
指导教师审阅评价	 签字：　　　　　　　　　年　月　日

听课记录(25)

_____年____月____日　　　　　　　　　　星期____ 第____节

学校		班级		授课教师	
学科		课题			

教学过程	同步分析

听课反思	

指导教师审阅评价	

签字：　　　　　　　　　　　　年　　月　　日

听课记录(26)

_____年____月____日   星期____ 第____节

学校		班级		授课教师	
学科		课题			

教学过程	同步分析

听课反思	
指导教师 审阅评价	 签字： 年 月 日

听课记录(27)

_____年_____月_____日　　　　　　　　　星期____　第____节

学校		班级		授课教师	
学科		课题			

教学过程	同步分析

听课反思	

指导教师审阅评价	

签字：　　　　　　　年　月　日

听课记录(28)

_____年____月____日　　　　　　　　　星期____ 第____节

学校		班级		授课教师	
学科		课题			

教学过程	同步分析

听课反思	
指导教师审阅评价	

签字：　　　　　　　　　年　月　日

听课记录(29)

_____年_____月_____日　　　　　　　　　星期_____　第_____节

学校		班级		授课教师	
学科		课题			

教学过程	同步分析

听课反思	

指导教师审阅评价	

签字：　　　　　　　　　　　　　年　月　日

听课记录(30)

_____年____月____日　　　　　　　　星期____ 第____节

学校		班级		授课教师	
学科		课题			

教学过程	同步分析

听课反思	
指导教师审阅评价	

签字：　　　　　　　　　　　　年　　月　　日

六、典型教学设计

教学设计也就是教案,实习生将自己有代表性的教学设计填写其中,包括第一次上课、研讨课、汇报课和展示课等。

(一)教学设计的格式

教学设计没有固定的格式,通常各学校根据自己的实际情况,在遵循教案基本构成要素的基础上编制富有自身特色的教学设计格式。教学设计从基本形式上可分为两大类:记叙式和表格式。

记叙式教学设计比较常用,而表格式教学设计更有利于实习生把握教学设计的一般流程和方法。

表格式教学设计一般包括以下内容。

(1) 教学课题(包括教学章、节名称)。

(2) 教学课型、上课班级、时间、节次、课室、教师。教学课型是根据不同的教学任务来确定课的类型。例如:新授课、复习课、实验课、习题课等。

(3) 教学任务分析(可含教学重点)。

学生情况分析(可含教学难点)

(4) 教学目标。按照学科课程标准要求的维度划分。

(5) 教学重点、教学难点。

(6) 教学策略(方法)选择与设计。

(7) 课前准备。教学环境及教具准备,如计算机、网络、投影仪、操作系统和应用软件、教学课件等的准备。

(8) 教学程序。不同的课型有不同的教学环节,一般来说,新授课的教学环节如下。

① 复习思考与组织教学。

② 引入新课。

③ 讲授新课。

④ 巩固深化。

⑤ 课堂小结,布置作业。

教学程序涉及的内容包括教学环节与内容、时间分配、教学方法、教师活动、学生活动、媒体运用和设计意图等。

(9) 板书(画)设计。

(10) 教学反思。

(二)教学设计的一般要求

(1) 教学任务分析,主要从本部分内容在学科知识体系中所处的地位、课程标准对该部分教学内容的要求、教材的内容与体系安排三个方面对教学需要完成的任务进行分析评价。

(2) 学生情况分析,主要从学生学习本部分内容已有知识、技能、方法、心理与生活经验基础,以及可能产生的思维障碍等方面进行分析评价。

(3) 教学目标,主要看教学目标的制定是否科学、具体和明确,是否与知识点密切相关。

(4) 教学重点与难点,主要是从学科体系、社会需求、学生生理和心理的特点来看教学重点与难点的确定是否恰当。

(5) 教学程序,主要从教学环节与具体内容的设计方面来看是否符合本部分教学内容的实际,体现的教学理念是否先进、有没有创新。

对于实习生来说,典型教学设计要求写详案。(见附表 4-6 典型教学设计)

附表 4-6：典型教学设计

典型教学设计(1)

课　题			课型	
学科			年级	
教学任务分析				
学生情况分析				
教学目标				
教学重点				
教学难点				
教学方法				
课前准备				

续表

	教学程序		
教学环节	教师活动	学生活动	设计意图

续表

教学环节	教师活动	学生活动	设计意图

续表

教学环节	教师活动	学生活动	设计意图

续表

教学环节	教师活动	学生活动	设计意图
板书(画)设计			
教学反思			
指导教师审阅评价			

签字：　　　　　　　　　　　年　月　日

典型教学设计(2)

课　题			课型	
学科			年级	
教学任务分析				
学生情况分析				
教学目标				
教学重点				
教学难点				
教学方法				
课前准备				

续表

教学程序				
教学环节	教师活动		学生活动	设计意图

续表

教学环节	教师活动	学生活动	设计意图

续表

教学环节	教师活动	学生活动	设计意图

续表

教学环节	教师活动	学生活动	设计意图
板书(画)设计			
教学反思			
指导教师审阅评价	签字：		年 月 日

典型教学设计(3)

课　题			课型	
学科			年级	
教学任务分析				
学生情况分析				
教学目标				
教学重点				
教学难点				
教学方法				
课前准备				

续表

教学程序			
教学环节	教师活动	学生活动	设计意图

续表

教学环节	教师活动	学生活动	设计意图

续表

教学环节	教师活动	学生活动	设计意图

续表

教学环节	教师活动	学生活动	设计意图
板书(画)设计			
教学反思			
指导教师审阅评价	签字:　　　　　　　　　　年　月　日		

典型教学设计(4)

课　题			课型	
学科			年级	
教学任务分析				
学生情况分析				
教学目标				
教学重点				
教学难点				
教学方法				
课前准备				

续表

教学程序			
教学环节	教师活动	学生活动	设计意图

续表

教学环节	教师活动	学生活动	设计意图

续表

教学环节	教师活动	学生活动	设计意图

续表

教学环节	教师活动	学生活动	设计意图
板书(画)设计			
教学反思			
指导教师审阅评价	签字：　　　　　　　　　　　　年　月　日		

典型教学设计(5)

课　题			课型	
学科			年级	
教学任务分析				
学生情况分析				
教学目标				
教学重点				
教学难点				
教学方法				
课前准备				

续表

教学程序			
教学环节	教师活动	学生活动	设计意图

续表

教学环节	教师活动	学生活动	设计意图

续表

教学环节	教师活动	学生活动	设计意图

续表

教学环节	教师活动	学生活动	设计意图
板书(画)设计			
教学反思			
指导教师审阅评价			

签字：　　　　　　　　　　　　　年　月　日

七、班主任工作计划

班主任工作计划是班主任对班级工作的一种设想与工作思路,是落实教育方针和学校教育教学目标的保证。

(一)认识其重要性

班主任工作涉及学校的各个方面,是一个复杂的系统工作,只有制订好周密的工作计划,才能有步骤地把学校的教育计划落实到班级,使学校培养目标具体化、阶段化,以保证学生的健康成长。

(二)把握制订依据

班主任工作计划制订的依据一般包含以下三个方面:一是上级指示,包括党和国家的教育方针、政策法规以及教育行政部门的指示和要求;二是学校要求,学校工作计划为整个学校管理规定了明确的任务,对教育目的和当前形势作出了明确的论述,它是制订班主任工作计划的直接依据;三是班级实际情况,班级实际情况包括学生人员构成、学习情况、思想情况、体质状况、骨干状况和班级特点等。班级情况是制订工作计划的基础,只有从班级情况出发,才能使班主任工作计划具有科学性和切实性。

(三)坚持制订原则

班主任工作计划要做到符合以下原则。

(1) 目的性原则。班主任制订工作计划首先要确定目标,班主任工作计划的总目标以培养社会主义接班人为主体,有了这个总目标,计划就有了社会主义的方向性,各种计划就能做到有目的、有层次。

(2) 整体性原则。班主任计划是学校整个工作计划的一个重要组成部分,它必须服从于使学生德、智、体、美、劳等方面得到全面发展这一教育目的。

(3) 群众性原则。班主任工作计划关系到全体学生的设想,确定目标,制定措施都必须走群众路线,整个计划的制订过程应广泛征求学校领导、任课教师和学生家长的意见,集思广益,群策群力。

(4) 稳定性原则和灵活性原则。班级工作要井然有序,班集体要稳定团结,计划的稳定性和连续性是基本保证。然而,客观情况的变化性则又要求计划具有灵活性,使计划适应新情况。

(5) 超前性原则和现实性原则。计划的制订必定带有预测性,勾画出美好的理想的发展前景,这就是超前性。而理想必须建立在现实的基础上,根据现实情况制订计划,这就是现实性。超前与现实的灵活,使计划有长时间的实用性,保证实施的可行性。

(四)计划的基本结构

班主任工作计划的基本结构应包含以下几个方面：①班级基本情况包括班级发展的水平和特点、班级学生的基本情况和特点、有利因素和不利因素、存在的主要问题等；②工作目标，包括总目标、阶段目标和各层次的具体目标等；③具体措施，主要包括教育活动、组织力量与分工、时间步骤安排；④工作安排。

(五)注意事项

(1) 拟定班主任工作计划之前，需要了解班级特点和学生特点。掌握第一手资料，会给后面制定的相关制度、公约以及准备开展的活动带来便利。

(2) 班主任工作计划中要有切实可行的班级活动安排，无论什么活动，都是为班级风气建设服务、为学生成长服务。

(3) 班主任工作计划中，还需要注意对个别学生的教育工作，不能只讲全面，不讲个体发展。

(4) 班主任工作计划，需要落实到行动中，还需要具体实施，不能计划与实际脱离，成为纸上空谈。(见附表4-7 班主任工作计划)

附表4-7：班主任工作计划

班主任工作计划

实习班级		学生人数		原班主任	
班级基本情况、工作目标、具体措施、工作安排					

续表

班主任指导教师审阅评价	签字：　　　　　　　　　年　月　日

八、主题班(队)会设计

主题班(队)会是班会活动中的一种形式,是班主任或辅导员教育学生的阵地,是与学生进行心灵交流沟通的平台。主题班(队)会就是围绕一个中心内容(或专题)有目的、有计划地在班主任的指导下,由班级成员自己组织领导,采取各种形式,充分发挥班级中每位成员的积极性,依靠集体的智慧和力量,进行的一种班集体成员的自我教育活动。主题班(队)会是班级活动的主要类型,具有内容集中、教育目标明确、针对性强等特点。所以它是班主任对学生进行集体主义教育、创建良好班集体、进行核心价值观教育、加强学生自我教育、实现立德树人目标的重要途径。

(一)班(队)会的类型与功能

通常情况下,我们把班(队)会分为三种类型:常规班(队)会、临时班(队)会和主题班(队)会。常规班(队)会和临时班(队)会又称为普通班会,而主题班(队)会主要是围绕一个主题进行,这个主题就是主题班会最核心的东西。一般来讲,主题班(队)会是指在一定的阶段围绕某个主题开展,并对学生进行思想教育的班会,其主要功能是德育,通过主题班(队)会对学生进行思想品德的教育。

(二)主题班(队)会的形式及要求

主题班(队)会形式的选择必须把握中、小学生的特点,采取学生喜闻乐见、易于接受的形式。常见的形式主要有以下几种。

(1) 模拟式,如模拟法庭、角色扮演等。

(2) 交流式,如辩论、心得交流、讨论、座(访)谈等。

(3) 竞赛式,如知识竞赛、演讲比赛、手工制作比赛、体能对抗比赛等。

(4) 表演式,如才艺展示、歌舞表演、专题朗诵等。

其实我们在实际开展主题班(队)会时,形式远不止上述几种,譬如文娱式、试听式、实践式、演讲式等。究竟采用何种形式,要因时因事而异,往往要把几种形式结合起来,且要常开常新,切忌单一,只有这样才能收到良好的教育效果,达到教育目的。

主题班(队)会不应有固定的模式,只要能从学生实际出发,最大限度地调动学生的积极性,不断提高学生的思想道德水平和综合素质,就是可取的模式。一般来说,一节主题班(队)会很少拘泥于一种形式和方法,有的主题班(队)会就"多管齐下",以多种形式从不同的角度对学生进行教育,同样可收到意想不到的效果。

(三)主题班(队)会设计的原则

主题班(队)会的设计应遵循以下四个原则。

(1) 计划性原则。计划性要求我们在主题班(队)会设计过程中一定要纳入学校的全部日常工作、纳入到班主任(辅导员)的全部日常工作。主题班(队)会不是可有可无的点缀品，也不是一个查漏补缺的救济品。它是我们整个学生教育管理工作的重要组成部分，是我们班级整个学期计划和整个学年计划当中的一个重要部分。

(2) 针对性原则。主题班(队)会的设计一定要针对学生的心理特点，针对这一阶段学生主要关注的内容，这样的主题班(队)会才能真正深入学生的内心。

(3) 整合性原则。一是教师的主导作用和学生主体作用的整合。在主题班(队)会的设计和实施过程中，起核心作用的是教师和学生这两个要素。学生是主题班(队)会的主人，教师是主题班(队)会的主导者。虽然我们要调动学生的兴趣，把班(队)会的主动权交给学生，但是老师绝对不可以放任不管。也就是说，老师在主题班(队)会设计和实施过程中，要有办法、有步骤地把学生带回到主题班(队)会的现场上来。二是媒体演示和语言解说的整合。在主题班(队)会设计的过程中，有很多老师在使用媒体资料的过程中经常会犯一个错误，就是把媒体资料展示出来以后没有任何解说，老师认为学生已经理解和体会了图片里面的内容，其实没有老师的讲解，没有老师对图片深入的解释，学生很难理解图片的内容。

(4) 主体性原则。主题班(队)会是要提高学生的自我认识和自我教育能力，所以发挥学生的主体作用尤为重要。一次成功的主题班(队)会主要取决于学生参与的态度和创造性地发挥，学生的主动性越强，班(队)会的教育效果就越好。所以班主任除了要把握班(队)会的方向和主题，提出设计的构想和意图以及为班(队)会创造必要的条件外，还要做好以下两方面的工作：一是如何激发学生参与班(队)会的兴趣。班主任要做好这方面的工作须在主题和形式的选择上下功夫，主题要贴近学生实际，是学生关心的、需要的，形式要讲究新颖性、趣味性，只有当主题班(队)会成为学生的需要，并且感兴趣时，才能激起学生主动参与的欲望。二是在班(队)会的准备、组织和开展中，班主任要信任学生、鼓励学生和大胆任用学生。要把平日教师的讲台变成今日学生展示的舞台，这样学生通过准备、组织和参与，从中得到锻炼、提高认识，班(队)会的目的在自然而然中融入学生的认识和能力中。

(四)主题班(队)会流程的设计

1. 充分准备——精心备课

(1) 了解背景。为了体现主题班(队)会的教育性和针对性，班主任应当调查研究，掌握班情。不仅要了解学生的动机、需要、情感等心理特征，还要清楚地了解学生关注的热点是什么，对什么感兴趣，对什么最困惑。

(2) 课前准备。主题班(队)会准备得越充分，学生受到的教育就越深刻，开展的活动就越成功。准备过程也是学生受教育的过程。课前准备应从以下三个方面进行。

第一，人员分工的准备。一般情况下，在活动开展前一周，就告诉学生下周班(队)会的主题是什么，然后让学生参与主题班(队)会的设计和准备。例如，可以根据活动进行角色分工，有的搜集相关资料，有的准备主持词，有的准备表演，等等。也可以在学生中烘托气氛、营造气势，为主题班(队)会的开展制造氛围，调动学生主动参与的积极性。

第二，物质的准备。主要是搜集材料、准备道具，如宣传性的标语、教室布置、活动工具准备等。语言作为交流的工具必不可少，并且为了确保活动成功，最好是形成书面材料。班主任要对学生选择的材料、发言内容进行审核，保证选择的材料符合学生实际，易于接受，还可以搜集学生活动照片、相关视频，制作校园生活情景剧视频等。

第三，主题班(队)会教案的准备。精心研究活动，详细书写教案是提高活动效果的途径。完整的主题班(队)会教案应由以下七部分构成。

① 班会(队)题目。要简洁、生动、明确。

② 背景分析。要说明选择本主题进行活动的缘由和对主题的基本解释；要阐明对本班学生的相关思想、心理、生活实际的分析，以及开展本主题班(队)会活动的具体价值。

③ 活动目标。要有明确、具体的教育目标。教育目标要遵循思想道德建设的普遍规律，适应学生身心成长的特点和接受能力，围绕学生情感、态度、价值观设计。

④ 前期准备。要根据班(队)会的内容确定准备项目，准备过程应能体现教育过程。

⑤ 活动形式。说明所采用的方法与手段，力争做到形式创新。

⑥ 活动过程。要说明活动顺序和步骤安排，要做到板块清楚，过渡自然。活动过程要求：一是结构完整。一节完整的主题班(队)会应从创设情景导入，激发学生的参与兴趣；以分享交流为手段，提高学生对主题的认识；以养成良好的行为习惯为目的，健全发展学生人格。其主体过程包括三个阶段：导入——展开——总结。二是力求简约。一些主题班(队)会为了追求看点，安排了过多的环节，如小品、故事、朗诵、演唱、宣誓、合唱、游戏、讨论、交流等，可以说是枝繁叶茂不见干，失去了班(队)会的主旨。主题班(队)会不一定要多热闹，只要所设置的环节能够走进学生的内心，让学生的灵魂有所触动，并能够反思自己，明确努力的方向，就算是一节成功的班(队)会了。三是环环相扣。主题班(队)会的结构应符合学生的认知规律，由浅入深、由表及里、由感知到行动，环环相扣、高潮迭起、扣人心弦。

⑦ 活动延伸。要说明巩固班(队)会效果的后续活动安排。

其中活动过程是教案的主要部分，一定要把活动的步骤写清楚，同时还应突出活动的特色、亮点。

2. 创设情景——激发参与

所谓情景，是指在教育过程中，为了达到既定的教育目的，创设与教育内容相适应、与学生生活相贴近的具体场景或氛围。情景创设一般有以下三种情况。

(1) 问题情景。问题情景是通过提出与教育内容有关的问题所形成的特定的教育氛围。它可以给学生提供充分自由的想象空间，使学生边看、边听、边思、边做，点燃学生思想的火花，从而引发学生对生活的深入思考。

(2) 形象情景。根据活动的需要，突出主题特征，利用实物、具体时间，甚至用图画、视频、挂图等形象手段，激发学生的情感，把学生带入活动主题。

(3) 体验情景。通过游戏、比赛、角色模拟等体验活动，引导学生亲身感悟主题，体验活动角色的内心感受和品质，从而激发学生的参与意识。

3. 点拨指导——张弛有度

(1) 精心导入。导入是一个开场、一个切入、一个引人入胜的亮点。通过精心安排的导入，要引发学生的情景体验，要为转入主题活动作铺垫。导入的形式可分为两种：一种是主持人的言语导入，开门见山，直接点明主旨；另一种是情景导入方式，如音乐、游戏、视频、图片等情景都是常用的导入方式。很多成功的主题班(队)会的精彩导入都值得我们借鉴。

(2) 恰当提问。体验是重要的，但是靠体验是不能完全内化成学生深层次的理性思考的。所以在活动中，班主任应适时提出一些让学生思考的问题，使浅显的认识不断得到升华。

(3) 及时总结。总结是对活动开展加以分析、研究，得出经验教训，使零星的、肤浅的、表面的感性认识上升到全面的、系统的、本质的理性认识。总结并不是活动的结束，它只是预示着工作又到了一个新的起点。班主任通过总结要把学生的感性认识提高到理性认识的高度，将体验与感悟逐步内化为学生的自觉行为。

活动中的每一环节，班主任都要恰当、及时地给予总结、概括，使学生清楚地知道每一个活动给自己的启示是什么。环环相扣的结构，一步一步将学生的思考引向深处，恰当及时的总结，点明了活动的收获，这才是成功的主题班(队)会活动。详见附表4-8 主题班(队)会方案。

附表 4-8：主题班(队)会方案

主题班(队)会设计(1)

活动日期		活动地点		参加对象	
主题			形式		参加人数	

活动背景分析	
活动目标	
前期准备	

续表

活动过程	
活动延伸	
活动总结与反思	
指导教师审阅评价	签字：　　　　　　　　　年　月　日

主题班(队)会设计(2)

活动日期		活动地点		参加对象	
主题			形式		参加人数
活动背景分析					
活动目标					
前期准备					

续表

活动过程	
活动延伸	
活动总结与反思	
指导教师审阅评价	签字：　　　　　　　　　年　月　日

主题班(队)会设计(3)

活动日期		活动地点		参加对象	
主题			形式		参加人数	

活动背景分析	
活动目标	
前期准备	

续表

活动过程	
活动延伸	
活动总结与反思	
指导教师审阅评价	签字：　　　　　　　　　　年　月　日

主题班(队)会设计(4)

活动日期		活动地点		参加对象	
主题			形式		参加人数

活动背景分析	
活动目标	
前期准备	

续表

活动过程	
活动延伸	
活动总结与反思	
指导教师审阅评价	签字：　　　　　　　　　年　月　日

九、教育调查报告

教育调查报告的结构一般分为四个部分：标题、前言、主体和结语。

(1) 标题。教育调查报告的标题常见的有三种：一是一般文章标题的写法，这类标题概括了作者调查报告的基本内容或结论观点；二是介词"关于"+调查对象和主要事由+"调查报告"；三是正副标题的写法。

(2) 前言。前言的写法灵活多样，可以简要说明调查的缘由、对象、内容等，或交代调查对象的概况和主要经验，使读者对全文内容有概括性的了解。这段文字应简明扼要，有所侧重，不可面面俱到。

(3) 主体。将调查得来的有价值的材料及作者所作的分析评判，按照一定的逻辑顺序进行表达。事件调查，可按事件发生、发展的时间顺序展开；经验调查，可按各条经验的内在整体关系展开；思想调查，可按思想状况的类别展开。总之，要从调查内容出发，合理地安排所要报告的材料。调查的事实与作者的分析，两者可以分别表述，也可以交织在一起表述。一般来说，在篇幅上以说明调查的具体情况为主，必要时也可以作比较细致的分析议论。只要事实、数据准确可靠，分析、探讨辩证合理，就能被读者接受。

(4) 结语。这是调查报告作出的结论部分。有的调查报告，结论在前言中点出，或已经在对材料的分析中阐明，所以对结论无须更多形式上的要求，以自然结束为上品。可以总结全文，得出结论；可以精辟地议论深化主旨；可以提出不足或存在的问题；也可以提供有益的建议；还可以提出发人深思的问题。不论如何结尾，都应写得干净利索，不能拖泥带水。(见附表4-9 教育调查报告)

附表4-9：教育调查报告

教育调查报告

课题名称	
1. 调查目的、调查对象、调查内容、时间、地点等。 2. 调查的结果及存在的问题。 3. 形成的结论及解决问题的建议(字数不少于3000字)。	

续表

续表

续表

续表

高校指导教师审阅评价	
	签字：　　　　　　　　　　年　月　日

学习建议：

撰写我的实习支教故事(教育叙事)，收集相关图片、视频材料，用图文编辑软件制作实习支教数字故事、美篇等，并且进行分享交流。

第五章 评价实习支教

科学合理的课程评价制度包括评价原则、评价标准、评价组织、评价方法、评价反馈与改进等方面。实习支教的考核评价可采用多主体、多元、形成性评价和总结性评价相结合的方式,以指导教师评价为主,兼顾同行评价、个人自评、学生评价和实践基地评价,综合运用课堂观察、学生访谈、实习汇报、听课、教育实践档案分析以及教研论文等多样化的方式,全面客观地评价师范生教育实践能力。

一、实习支教的总结

实习支教总结一般分为两个阶段。一是小组总结阶段,实习最后两周进行,每位学生写出实习总结或专题总结和个人自我鉴定,各组写出实习总结,召开座谈会,组织汇报课,邀请实习学校领导和有关教师参加会议,听取实习学校的意见。二是回校后总结交流阶段,实习生返校后,各学院组织师生召开总结交流大会,听取学生的实习汇报。

实习支教工作即将结束时,实习生应完成教学实习、班主任实习、教育调查等工作任务,认真填写《实习支教手册》,在做好个人实习支教工作总结的基础上,按照要求撰写《实习支教报告》(见附表5-1),填写《实习支教鉴定表》(见附表5-2)中的自我鉴定。

1. 实习支教报告

实习支教报告的撰写内容主要包括以下几个方面。

(1) 实习支教概况。应该有实习学校基本情况介绍;个人实习情况概述,如实习目的、意义、时间、地点和岗位,在实习中从事了哪些具体工作等内容的叙述。

(2) 实习支教任务完成情况,包括:工作中取得的主要成绩、遇到的主要困难和存在的问题。

(3) 实习支教的收获与感想,包括:工作的经验与教训、今后努力的方向和改进措施等。总结的目的就是要肯定成绩,找出不足。成绩有哪些、有多大、表现在哪些方面、是怎样取得的;不足有多少、表现在哪些方面、是怎样产生的,都应讲清楚。对以往工作的经验和教训进行分析、研究、概括、集中,并上升到理论的高度来认识,以利于做好自己今后的教师专业发展规划。

(4) 对做好实习支教工作的建议和意见。

附表 5-1：实习支教报告

院(系)		专业		班级	
姓名		学号		实习学校	

(主要介绍实习支教概况、实习支教任务完成情况，以及实习支教收获与感悟等)

续表

续表

实习生签字：
　　年　月　日

指导教师签字：
　　年　月　日

附表 5-2：实习支教鉴定表

院(系)		班级	
专业		学号	
姓名		实习时间	年 月 日— 年 月 日
自我鉴定			

续表

教学工作实习评语	
	教学指导教师签字：_____　　　年　月　日
班主任工作实习评语	
	班主任指导教师签字：_____　　　年　月　日
教育调查报告评语	
	高校指导教师签字：_____　　　年　月　日
实习学校领导小组审核意见	
	实习学校领导签字：_____(公章)　　　年　月　日
院(系)综合评定意见及成绩	实习表现 / 教学实习 / 班主任实习 / 教育调查 / 实习综合评定成绩 / 实习综合评定成绩(五级制)
	院(系)领导签字：_____(公章)　　　年　月　日

备注：实习支教成绩按优秀、良好、中等、及格和不及格五级记分制予以考核和评定。优秀实习生比例在30%以内。本表存入实习生档案。

二、实习支教的成绩评定

(1) 实习支教的成绩评定一般由实习表现、教学实习、班主任实习和教育调查四个方面构成。其中实习表现、教学实习、班主任实习和教育调查的成绩分别占教育实习总成绩的 20%、50%、20%和 10%。

(2) 实习支教的成绩评定采取百分制加等级制。实习支教成绩按优秀、良好、中等、及格和不及格五级记分制予以考核和评定。实习支教成绩 90~100 分为优秀，80~89 分为良好，70~79 分为中等，60~69 分为及格，低于 60 分为不及格。实习支教成绩的毕业线为 60 分(含)以上，学位线为 70 分(含)以上，优秀实习生数量应严格控制在实习班级总人数的 30%以内。

(3) 实习期间，有下列情况之一者，实习成绩将被评为不及格。

① 有严重违纪行为(如酗酒、打牌赌博、打架斗殴、给实习学校造成损失等)的。

② 不服从院校和地方教育局的安排，不在规定的实习学校实习，或者私自调换实习学校的。

③ 实习期间因故请假累计超过实习天数的 1/3 的。

④ 因旷课受到严重警告处分(含)以上的。

⑤ 不服从实习学校的工作安排，造成不良影响的。

⑥ 违反规定或安全制度，出现重大责任事故的。

⑦ 旷课或上课效果较差的。

⑧ 体罚学生，出现重大责任事故的。

⑨ 参加宗教活动或非法组织活动的。

⑩ 其他违反学校规定造成恶劣影响或严重后果的。

(4) 实习学校主管领导及指导教师应组织实习生在实习汇报的基础上，从实习生遵守纪律、工作态度、工作任务完成和工作效果等方面进行综合考核。依据《实习支教评价表》(见附表 5-3)中评价内容的要求，实习学校主管领导对实习生的实习表现进行评价赋分，教学指导教师对实习生的教学实习工作进行评价赋分，班主任指导教师对实习生的班主任实习工作进行评价赋分，在《实习支教鉴定表》中填写评价意见并签字、盖章。

(5) 返校后，高校院(系)课程负责人要对实习生的教育调查工作进行评价赋分，在《实习支教鉴定表》中填写评价意见并签字，汇总实习支教成绩并确定等级，最后由院(系)领导审核并签字、盖章。

三、实习支教鉴定

自我鉴定是对实习支教工作的小结，是领导和指导教师评价实习成绩的依据，也是学生毕业档案的组成部分，自我鉴定主要是对自己在实习支教工作期间的政治思想表现、业务工作、学习、遵守纪律等方面的情况进行述评，写出自己取得的成绩以及存在的问题，简要说明今后的发展计划。

附表5-3：实习支教评价表

一级指标	二级指标	观测点	评价内容	分值	赋分	得分/签名
实习表现(20分)	实习过程表现(20分)	实习态度	能严格遵守《实习支教学生守则》及实习学校的一切规章制度	0~6		
		工作能力	积极承担实习学校分配的工作任务，工作能力强，能在规定的时间内圆满地完成教学任务	0~6		
		实习材料	实习支教手册填写及时，字迹清晰、内容完整，能够客观地反映实习情况	0~8		
教学实习(50分)	课前准备(10分)	备课	努力钻研课程标准和教材，广泛收集资料，结合学生兴趣独立写出一定质量的教学设计	0~5		
		试讲	主动找指导教师试讲，虚心听取指导教师的意见，并积极改进	0~5		
	课堂教学(28分)	教育目标	符合课程标准的要求，教学目的具体、明确、可执行，符合学生的实际情况	0~4		
		教学内容	正确贯彻课程标准，把握教学重点、难点，教学无误，内容科学、系统性强	0~4		
		教学方法	始终贯彻"具有启发性""突出主体性""注重思维性"的原则，很好地开展教学双边活动	0~4		
		教学组织	课堂教学组织严密、系统，课堂秩序活而不乱，课堂应变能力强	0~4		
		教学手段	在课堂教学中充分利用多种教学手段辅助教学	0~4		
		教学基本功	能用标准的国家通用语言文字进行教学，语言准确、流畅；板书安排有序，文字工整、规范	0~4		
		教学效果	目标达成、重点突出、难点突破，学生参与教学活动的主动性强，具有一定的深度和广度	0~4		
	课后活动(12分)	课外辅导	主动、耐心地对学生进行课外辅导，并对学生的疑问作出启发性的回答	0~4		
		作业批改	作业布置分量适当、难易适度，批改作业及时、仔细、正确，评讲作业认真	0~4		
		听课评议	积极参加观课和议课，敢于发表自己的观点，虚心接受老师和同学的意见，改进自己的不足	0~4		

续表

一级指标	二级指标	观测点	评价内容	分值	赋分	得分/签名
班主任实习(20分)	工作准备(5分)	制订计划	能以正确的教育思想为指导,根据实习学校的要求,制订具体、明确、切实可行的班级工作计划	0~5		
	工作内容和要求(10分)	方法态度	能积极主动配合原班主任工作,深入细致,热爱学生,敢于严格要求,正面引导,态度诚恳,有耐心	0~2		
		日常工作	能按计划独立开展班主任工作,处理班级日常事务;对待学困生的态度良好,对学困生做耐心细致的转化工作,方法得当;深入了解学生的情况,针对具体情况进行个别教育,对学生进行家访	0~2		
		集体活动	组织主题班会及班级活动,内容丰富,拓宽思想,开发智力	0~2		
		个别教育	能有针对性地进行个别教育,尊重每一位学生,赏识学生的独特性,平等对待每一位学生;为学生创造发展的机会	0~2		
		家校联系	能取得家长的信任和配合;对学生进行家访,与家长主动沟通,汇报学生的在校表现情况;具有良好的人格,受到家长的尊重	0~2		
	工作效果(5分)	满意度	班主任工作得到学生、指导教师、校领导普遍认可	0~3		
		活动评比	实习班级参加各项活动成绩显著	0~2		
教育调查(10分)	调查选题(4分)	针对性	研究符合当前基础教育课程改革的需要	0~2		
		专业性	研究的内容有利于促进师范生教师专业化发展的需要	0~2		
	调查报告质量(6分)	结构表述	文章结构严谨、层次清晰、逻辑性强、文字表述准确	0~2		
		论述分析	观点鲜明、论据充分、分析深透,具有较强说服力	0~2		
		结论建议	结论正确,建议切实可行	0~2		
实习综合评定成绩						

备注: 实习表现成绩由实习学校负责人评定,教学实习成绩由教学指导教师评定,班主任实习成绩由班主任指导教师评定,教育调查由院校指导教师评定,最后由院校教育实习课程负责人汇总实习综合评定成绩。

四、实习支教的收尾工作

实习生在实习结束前要做好以下工作。

1. 做好工作交接

首先,实习生要做到善始善终,站好最后一班岗,完成实习学校布置的各项工作;其次,实习生要把手头的工作与相关人员及时进行交接,确保工作的连续性。

2. 征求师生意见

实习生要在自己工作过的班级广泛征求意见,感谢同学们的支持与配合,了解同学们对自己的教学以及班主任工作的意见和建议。实习生还要向自己的"师傅"话别,包括教学指导教师、班主任指导教师以及帮助过自己的领导和教师,感谢他(她)们的帮助与教诲,虚心听取他(她)们的意见或建议。

3. 做好汇报交流

实习小组长与实习学校协商组织实习支教汇报会,推荐优秀实习生代表上汇报课,同时可以邀请实习学校的领导和指导教师召开实习支教座谈会,由实习生代表对实习学校和指导教师表达真挚的谢意,并听取实习学校的领导和指导教师的寄语。

4. 及时清理财物

实习生要归还自己借用实习学校或指导教师的书本资料和生活物品,将有关的账目结算清楚,将办公室及宿舍卫生打扫干净,妥善处理可以利用的物品。

5. 把握告别分寸

在实习期间,实习生与实习学校师生建立了良好的朋友、师生关系,离别之日难免依依不舍,但不要因为告别而影响学校正常的教学秩序,要鼓励学生服从学校和老师的管理,遵守纪律、认真学习、不断进步。与实习学校领导和指导教师要保持通信联系,以获得他(她)们持续的指导和帮助。

学习建议:

(1) 离校前,以整个实习小组的名义给实习学校写一封感谢信。

(2) 返校后,组织本专业实习汇报,推荐2~3名优秀实习生代表进行演讲、报告典型事迹、课堂教学展示等,让低年级师范生学习、观摩。

(3) 总结汇报环节,学生与教师一起研讨实习中发现的教育教学问题,并引导深化为研究课题(或毕业论文选题)。

第六章　安全实习支教

　　实习支教是大学生提前了解社会、锻炼意志品质、提高教学技能的良好途径，是从学生身份到教师身份的重大转折，也是从衣食无忧到生活自理的巨大挑战。实习支教的地点大多在偏远地区，因此大学生实习支教过程中必须掌握用水、用电、用火、食品、交通等方面的安全常识，防止各类实习支教安全事故的发生。

一、用水安全

　　(1) 不饮用生水，发现饮用水变色、变浑、变味，应立即停止饮用，对水质较差的饮用水须经长期沉淀后再使用。

　　(2) 不到水渠、水库、河流或湖泊等易发生溺水伤亡事故的危险地段游玩、游泳，防止溺水事件的发生。

　　(3) 如发生溺水事件，应采取自救、互救和医疗三个方面的急救措施。

　　① 自救。其具体方法是采取仰面位，头顶向后，口向上方，努力使口鼻露出水面，进行呼吸。呼吸时应呼气浅而吸气深，也可憋住气尽量不吸气，以免呛水。不可将手向上举或挣扎，因举手反而会使人下沉。若因腓肠肌痉挛而致淹溺，应立即呼救，自己将脚趾屈伸，并采用仰面位，浮出水面。

　　② 互救。水性好的施救者应尽量脱去外衣、裤子及鞋袜，迅速游至溺水者附近，从其后方前进，用左手握其右手或拖住头部用仰泳方式拖向岸边，也可从其背部抓住腋窝推出。不会游泳者切忌用手直接拉溺水者，而应在现场找一根竹竿或绳索，让溺水者拽住再拖其上岸，否则施救者会被溺水者拖入水中，从而会出现更大危险。

　　③ 医疗。溺水者被救出水后，应立即清除其口鼻内的污泥、呕吐物，保持呼吸道通畅。对牙关紧闭者，按捏两侧面颊用力启开，呼吸微弱或已停止时，立即进行口对口人工呼吸和胸外心脏按压。不要坐等医生到来或不经处理直接送医院，以免丧失最宝贵的抢救时机。现场急救的同时，应立即拨打120急救电话，请专业的医务人员赶来抢救。

二、用电安全

　　(1) 要排查宿舍电路布线情况，及时更换破旧老化的电源线，谨慎使用热得快、电热毯(若用睡前必须关闭)、烧水壶等大功率电器，改接电源线路时应请专业人员进行操作。

　　(2) 不用湿手触摸、湿布擦拭带电的电器，如发现有人触电，应用木棒或其他绝缘物将电源线挑开，使触电者脱离电源。

　　(3) 如遇电器着火，应先切断电源，再用干粉灭火器扑灭，也可用沙土或者棉被湿水覆盖扑灭，千万不要用水灭火。

三、用火安全

(1) 不在宿舍吸烟，不在火炉、火墙及烟道附近堆放易燃、易爆物品。

(2) 大部分实习学校使用液化气烧火做饭，使用液化气时，需注意以下事项。

① 购买正规厂家生产的合格钢瓶液化气和燃气用具。注意钢瓶的检验期限及其检验合格标志；胶管要定时检查，发现老化或损坏要及时更换，钢瓶与燃气用具之间要连接紧固，严防泄漏；液化气正常燃烧的火焰颜色为蓝色，无黑烟。

② 将钢瓶液化气放置于通风良好且避免日晒的场所，直立使用，切不可将钢瓶倾斜或放倒使用，避免受到猛烈震动，否则，容易导致气压异常而发生不测。也不要在钢瓶上放置物品，更不要自己灌装液化气，以免燃爆。

③ 点火用气时要有人看管，每次使用前必须确认燃气用具的开关在关闭的位置上，才可通气点火；每次使用后必须将开关扳到关闭的位置，关闭气瓶的气源角阀，做到人离而气闭。一旦发现屋子内有液化气的臭味，一定要及时通风，并仔细检查泄漏的原因，还要杜绝任何明火。

④ 烹调时应打开厨房窗户，保证空气通风良好，避免因泄漏造成的液化气积聚；厨房内应有人照料，避免汤水溢出而熄灭炉火，造成液化气的泄漏。

⑤ 日常检漏。常用的方法是涂抹肥皂水到钢瓶、角阀(手轮开关处)、减压阀(角阀与减压阀接口处)、胶管、燃具上，尤其是接口处，有气泡鼓起的部位就是漏气；眼看、耳听、手摸、鼻闻配合查漏，切不可用明火检查。

(3) 液化气泄漏时，应采取以下应急措施。

① 马上切断气源。切记"断气即断火"，应立即关闭角阀。如果角阀附近有火焰，可用湿毛巾、湿衣物包着手关闭。严禁开关电器，如电灯、排气扇、手机等，这些都是引起爆炸的源头。

② 迅速打开门窗，让空气流通，以便液化气散发，立即疏散人员，阻止无关人员靠近，并与校方取得联系。

③ 尽力扑灭火焰。如有火焰产生，用灭火器、湿棉被等扑打火焰根部灭火。果断电话报警，注意选择去没有液化气泄漏的地方拨打119火警电话。

(4) 如果发生了火灾，应掌握以下自救方法：一是要保持冷静，先观察火势，再选择正确的逃生方式；二是应及时向疏散通道和安全出口方向逃生，疏散时要服从工作人员的疏导和指挥，分流疏散，避免争先恐后朝一个出口拥挤而堵塞出口；三是要学会利用现场一切可以利用的条件逃生，如将毛巾、衣服用水浇湿作为防烟工具捂住口、鼻；把被褥、窗帘用水浇湿后，堵住门口阻止火势蔓延，利用绳索或将布匹、床单、地毯、窗帘结绳自救；四是在无路可逃的情况下，应积极寻找避难处所，如到阳台、楼层平顶，发出各种呼救信号并等待救援；五是在逃生过程中要防止有毒气体，应用水浇湿毛巾或用衣服捂住口鼻，采用低姿行走，以减小烟气伤害。

四、取暖安全

大部分实习学校采取集中供暖，个别实习学校需要煤炉取暖。煤炉取暖应注意以下几个方面。

(1) 一定要安装烟筒和风斗，定期清扫烟筒，保持烟筒通畅。如果发现烟筒堵塞或漏气，必须及时清理或修补，伸出室外的烟筒，还应该加装遮风板或拐脖，防止大风将煤气吹回室内。

(2) 经常打开门窗通风换气，晚上睡觉时不要把窗户关死，留下适当的通风口，保持室内空气新鲜。煤气中毒就是一氧化碳中毒，一氧化碳是一种无色、无味气体，化学分子式为 CO。造成煤气中毒的原因通常是在通气不良的环境中烧煤取暖，也有些是煤气管道泄漏造成的。

(3) 煤气中毒的急救方法如下。

① 打开室内门窗，迅速将患者移到空气新鲜的室外。

② 如患者能饮水，可给予热糖茶水或其他热饮料。

③ 如果患者的呼吸、心跳已停止，立刻施与心肺复苏。

④ 若患者已昏迷，可立即针刺其人中、劳宫、涌泉、十宣等穴位，以促其苏醒。

⑤ 中、重度患者经上述紧急处理后，应及时送往医院进一步抢救治疗。

⑥ 因一氧化碳的比重比空气略轻，故浮于上层，救助者进入和撤离现场时，如能匍匐行动会更安全。进入室内时严禁携带明火，尤其是开煤气自杀的情况，室内煤气浓度过高，按响门铃、打开室内电灯时产生的电火花均可引起爆炸。

⑦ 进入室内后，迅速打开所有通风的门窗，如能发现煤气来源并能迅速排除的则应立即排除，如关闭煤气开关等，但绝不可为此耽误时间，因为救人要紧。然后迅速将中毒者转移到通风保暖处平卧，解开衣领及腰带以利其呼吸顺畅。同时叫救护车，随时送往医院抢救。

⑧ 在等待运送车辆的过程中，对于昏迷不醒的患者可将其头部偏向一侧，以防呕吐物误吸入肺内导致窒息。为促其清醒可用针刺指甲或掐其人中穴。若其仍无呼吸则需立即进行口对口人工呼吸。但对昏迷较深的患者，这种人工呼吸的效果远不如医院高压舱的治疗。因此，对昏迷较深的患者不应立足于就地抢救，而应尽快送往医院。

五、食品安全

(1) 尽量选择新鲜和安全的食品，食品在食用前要彻底清洗。尤其是生吃蔬菜瓜果要清洗干净；需加热的食物要加热彻底，尽量不吃剩饭菜。

(2) 不到卫生质量不达标的餐馆就餐，尽量选择学校食堂或自己做饭。

(3) 出现食物中毒时应立即采取指压咽部等紧急催吐方法尽快排除毒物，尽快将病人送附近医院救治，并与当地卫生监督和疾病防治部门取得联系，配合调查。

六、交通安全

(1) 自觉遵守交通法规，增强自我保护意识，不驾驶汽车、摩托车等交通工具，防止交通事故发生。

(2) 尽量不要乘坐非法营运车辆，人少时不要乘坐"板板车"(机动三轮车，车挡板打开，可同时乘坐10人左右)，乘坐时要相互抓好手臂，最好坐在司机后面靠抓手处，防止摔伤，避免意外事故发生。夜间或恶劣天气条件下避免外出。

(3) 发生交通事故时首先要保持头脑冷静、控制情绪，切莫惊慌失措、乱喊乱跑，造成现场更加混乱；其次要采取必要的急救措施，如迅速止血、处理休克等；再次，要密切注意周围环境，防止其他危险再度发生；最后要及时打电话报警并报告带队教师及实习学校领导。

七、地震安全

新疆某些地区为地震多发地带，实习生必须掌握足够的地震安全知识并在日常教学中向学生讲授这些知识。地震发生时应就近躲避，震后迅速撤离到安全的地方，应根据地震发生场所的不同作出相应的应急对策。

1. 学校人员避震

在学校中，地震发生时教师要保持冷静与果断，沉着地指挥学生有秩序地撤离。在比较坚固、安全的房屋里，可以躲避在课桌下、讲台旁，教学楼内的学生可以到开间小、有管道支撑的房间里，决不可让学生们乱跑或跳楼。

2. 街道上避震

地震发生时，迅速远离高层建筑物，并将身边的皮包或柔软的物品顶在头上，无物品时也可用手护在头上，尽可能做好自我防御的准备，要镇静，应该迅速离开电线杆和围墙，跑向比较开阔的地方躲避。

3. 乘车时避震

乘客(特别是在火车上)应用手牢牢抓住拉手、柱子或座席等，并注意防止行李从架上掉下伤人；面朝行车方向的人，要将胳膊靠在前座席的椅垫上，护住面部，身体倾向通道，两手护住头部；背朝行车方向的人，要两手护住后脑部，并抬膝护腹，紧缩身体，做好防御姿势。

4. 楼房中避震

地震一旦发生，首先要保持清醒、冷静的头脑，及时判别震动状况，千万不可在慌乱中跳楼；其次，可躲避在坚实的家具下或墙角处，亦可转移到承重墙较多、开间小的厨房、厕所去躲避。

八、人际安全

实习生已经脱离大学校园，所接触的是一个真实的社会环境，应努力建立良好的人际关系，减少不必要的伤害，要注意以下几个方面。

（1）要以诚待人、言而有信、尊重他人，与同学及实习学校师生建立良好的人际关系。

（2）尽量避免同陌生社会人员的密切交往，不到酒吧、迪厅等社会成分复杂的场所，不单独到陌生人住处。

（3）遇到突发事件时不要围观，迅速离开事发现场并报警。

（4）遇到流氓滋扰、暴力侵害时，要大胆反抗，及时报警并报告带队教师及实习学校领导。

九、女实习生应特别注意的事项

女实习生作为一个特殊群体，需特别注意以下安全事项。

（1）要树立安全防范意识。实习生离开校园到一个陌生的环境，尤其是女性实习生一定要注意安全。外出时，最好有其他实习生陪同，尽量不要单独行动，而且晚上不要离开校园；住宿期间，要严格遵守实习小组的纪律，有异常情况及时向领导汇报；休息时，要遵守实习小组的作息时间，检查门窗是否安全可靠。夜间，宿舍里至少要留有一部开机状态的手机，以备不时之需。对于学校附近的村民和商贩，在不太了解的情况下不要和他们打交道。

（2）正确处理和学生、同事的关系。实习老师与学生的年龄相差不大，有很多共同语言，但也不能为了显示亲和而过分随意。言谈举止一定要符合自己的身份。作为老师，要采取正确的方式去和学生交流，真正成为学生的良师益友。

（3）注意个人的仪表仪态。女实习生着装应干净、整洁、得体，切记不要穿过于暴露或另类的衣服，也不要染"扎眼"的发色；可以化淡妆但不要浓妆艳抹，让自己大方自然，青春而有活力；言谈举止要端庄大方、自然从容，以礼待人，赢得他人的尊重。

（4）遇到意外事件的处理办法。在实习过程中，同学们所接触的绝大部分同事都是真诚、善良的，但所接触的人员素质良莠不齐，在日常交际过程中，如有男老师骚扰女实习生现象的发生，同学们在保持镇静的基础上立即报警并与实习院校的带队教师联系，确定事件无误后，院校负责为受骚扰学生调换实习学校。

参 考 文 献

[1] 中华人民共和国教育部. 教育部关于大力推进师范生实习支教工作的意见[Z]. 教师〔2007〕4 号.

[2] 新疆维吾尔自治区教育厅. 关于做好实习支教试点工作的通知[Z]. 新教高办〔2006〕30 号.

[3] 新疆维吾尔自治区教育厅. 关于报送 2007 至 2008 学年高校学生到南疆基层学校实习支教计划的通知[Z]. 新教高办〔2007〕8 号.

[4] 中华人民共和国教育部. 教育部关于印发《普通高等学校师范类专业认证实施办法(暂行)》的通知[Z]. 教师〔2017〕13 号.

[5] 余壮怀. 试论"顶岗置换"实习改革的教育教学意义——云南师大试行培养培训相结合育人新法实践四年[J]. 云南师范大学学报：哲学社会科学版, 1992(01)：93-96.

[6] 陈英, 郭寿良. 高师学生"顶岗实习"的社会价值探讨[J]. 教育探索, 2007(8)：31-32.

[7] 杨延. 实习支教——实现农村基础教育与高校实践教学改革互利共赢[J]. 青少年日记, 2008(2)：10-12.

[8] 曹海宾. 浅谈对实习支教学生教学设计的指导[J]. 中国科教创新导刊, 2008(23)：127.

[9] 教育部师范教育司. 教师专业化的理论与实践[M]. 北京：人民教育出版社, 2003.

[10] 马新英. 服务新疆农村基础教育新模式——高师少数民族学生"顶岗实习支教"问题研究[J]. 牡丹江教育学院学报, 2009(4)：69-70.

[11] 马新英, 李爱民. 对新疆顶岗实习支教"沙雅模式"的解析[J]. 教书育人：高教论坛, 2011(21)：64-66.

[12] 张丽娟. 卓越教师培养体系下的高师教育实习准备[J]. 语文教学通讯·D 刊(学术刊), 2015(01)：14-16.

[13] 王光华. 加强教育实习前准备工作的实施构想——以高职高专师范生实践能力培养为例[J]. 大众文艺：学术版, 2010(5)：175-176.

[14] 蒋荣辉. 幼儿园实践教学指导[M]. 北京：北京师范大学出版社, 2013.

[15] 翟大彤. 教师教育规划教材：教育实习指导[M]. 北京：北京师范大学出版社, 2014.

[16] 周跃良, 杨光伟. 教育实习手册[M]. 北京：高等教育出版社, 2011.

[17] 周立群. 岭南师范学院教育实习手册[M]. 武汉：华中科技大学出版社, 2014.

[18] 管培俊. 积极推进实习支教 提高教师培养质量和农村教育水平[J]. 人民教育, 2006(15)：10-12.

[19] 佚名. 师范院校在新疆南部少数民族地区实习支教调查报告[J]. 新疆师范大学学报：哲学社会科学版, 2009, 30(4)：73-76.

[20] 王较过, 张红洋. 中学物理教师教学技能[M]. 西安：陕西师范大学出版社, 2016.

[21] 张红洋, 王较过. 学科教育实习指南·物理[M]. 西安：陕西师范大学出版社, 2012.

[22] 新疆维吾尔自治区教育厅. 关于进一步加强大学生实习支教安全管理工作的通知[Z]. 新教师〔2011〕3 号.